U0320317

疯卖

如何让你的产品、品牌和观念飞速传播

何俊锋———著

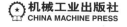机械工业出版社
CHINA MACHINE PRESS

《疯卖》是一本系统介绍如何帮助中小企业实现产品疯卖的实战教程，是中小企业管理人员必备的智慧锦囊。作者把12年商场实战的经验浓缩汇聚成本书，包含了产品品牌打造、产品策略决策、终端样板打造、传播策略选择、销售团队打造、掌握成交主动权、营销渠道拓展七大板块的内容。本书从品牌定位、品牌视觉形象到产品策略、样板市场打造，再到传播策略、团队打造，最后到成交、快速扩张，一步一步传授了如何解决企业发展过程中遇到的各种问题，实现产品疯卖的经验。这些经验都是经过作者服务过的企业一一操作验证过的，因此本书含金量很高。本书适用人群：企业家、高管、职业经理人等。

图书在版编目（CIP）数据

疯卖：如何让你的产品、品牌和观念飞速传播／何俊锋著.
—北京：机械工业出版社，2019.7（2020.1 重印）
ISBN 978-7-111-63226-9

Ⅰ.①疯… Ⅱ.①何… Ⅲ.①企业管理-销售管理
Ⅳ.①F274

中国版本图书馆 CIP 数据核字（2019）第 142925 号

机械工业出版社（北京市百万庄大街22号　邮政编码100037）
策划编辑：坚喜斌　　责任编辑：蔡欣欣
责任校对：黄兴伟　　责任印制：孙　炜
北京联兴盛业印刷股份有限公司印刷

2020 年 1 月第 1 版第 3 次印刷
145mm×210mm·8.125 印张·3 插页·135 千字
标准书号：ISBN 978-7-111-63226-9
定价：59.00 元

电话服务　　　　　　　　网络服务
客服电话：010-88361066　机 工 官 网：www.cmpbook.com
　　　　　010-88379833　机 工 官 博：weibo.com/cmp1952
　　　　　010-68326294　金 书 网：www.golden-book.com
封底无防伪标均为盗版　机工教育服务网：www.cmpedu.com

推荐序一

何俊锋老师找我帮此书写序的时候，我很惊喜地说："你终于愿意把你这么多年来在战场上的实战经验拿出来分享了！"

作为多年的好友和合作伙伴，我知道何俊锋老师在做品牌营销上，尤其是在招商宣传方面非常有经验，他带着他的招商团队用双脚去丈量中国市场，中国一二线城市很少有他没有踏足过的地方，可谓是商场上真正的"大将军"。他为那些苦于卖不出去产品的中小企业和想要快速打开中国市场的企业主找到了出路。

《疯卖》这本书汇集了何俊锋老师多年做招商工作的经验，他有自己一套系统的行业技法，能帮助这些企业把产品卖出去，甚至卖疯，而且动作特别快。

"疯"是什么意思？品效合一，疯狂地裂变，疯狂地销售。这其中的厉害之处就在于何俊锋老师能看透客户需求。有些时候项目就差一把火来点燃，何俊锋老师就是那个火种，他和他的团队，能够把目标市场点燃引爆，然后用他的方法实现疯狂销售。

何俊锋老师还有一双像孙悟空一样的火眼金睛，能够一眼看穿项目的本质，这是他在多年征战中，一仗一仗积累出来的。现在他想把这些经验分享出来，希望给后来者提供有益的建议，让他们少遭受他所经历过的在暗夜里的摸索之苦，用自己的天赋和抱负去成就他人，我认为这是一种胸怀，也是成就自己的最高境界。

在何俊锋老师身上，让我欣赏的地方有很多。

第一，就是他坚韧不拔的意志，一定要拿下的那种决心和动力；第二，就是他能够洞察人性，能够控场的强大能力；第三，就是他能固本培元，能够把企业内外部各方面的因素综合考虑到，让企业的免疫力提高，让企业的团队能力提高，然后加上他的战略思维一起去成就这个企业。

我相信何俊锋老师这本书，不仅仅是一本书，还是一套企业营销的基本准则，更是一套可以实实在在帮到企业的实用系统。

最后预祝《疯卖》这本书疯卖，并帮助更多的企业实现疯卖！

黎远

世界华人协会　常务副主席

深圳前海领投羊资本控股有限公司　董事局主席

华商书院全国校友总会　创会会长

3Q课堂（POWER OF THINKING）　创始人

推荐序二

直击人性，只为结果。这是何俊锋老师给到我最深刻的印象，也是他最有价值的地方。

何俊锋老师做的事情对当下的民营企业来说具有极大的意义。每一个民营企业都会面临一个课题，就是如何更快、更好地把产品卖出去。因为大部分民营的企业家的长处和优势往往集中在如何降低产品的成本，如何提高产品的利润，但是如何把自己的产品更快、更好地卖出去，很多企业家都遇到了瓶颈。

现在商业的重心发生了转移，改革开放 40 年来，商业的重心全部在商品本身，从 2019 年开始，商业的重心转移到了人本身。确切地说是人群，因为人群包括消费者，也包括我们自己的管理人员。现在的商业已经不再是产品与产品的对话，或者是工厂渠道间的对话，而是人与人之间的对话。这群人为什么跟着你走，其实是被产品背后的文化，或者是产品的定位、导向吸引的。所以说经营好人群很重要，因为它才是下一个商业的重点。

中华民族一直以来是以人为本的一个民族。但是以前的商业可能还没有发展到以人为本的阶段，所以说那个时候，谁的产品价格低我买谁的，谁的物美价廉我就选谁的。但是就像我们说的，当产品已经充分竞争后，这个公司的老板本身的人格魅力，和公司背后倡导的文化，会慢慢起作用。

何俊锋老师建立《疯卖》的这样一个知识体系，或者营销体系，就是起到临门一脚的这种作用，同时又给企业家们这样一种信念，让他们明白他们坚持的信念的意义在哪里。

自助者，天助之。你只有自己帮助自己，天才会帮助你。何俊锋老师是帮别人自我实现，而不是直接实现别人。如果他直接实现别人，那是一个短暂的行为，他帮别人自我实现，这就是一种自助者，天助之。帮别人自我实现是帮一个人的最高境界，可能也是做咨询、做服务的最高境界。

我觉得《疯卖》这本书太棒了，像三十六计一样，每个策略都是一个计。它会告诉大家，怎么样集中一切优势兵力，找对手薄弱的点去攻击，很有意义，很有价值。

水木然

财经作家

《新零售时代》作者

推荐序三

"我们是狼，一支由狼组成的团队。我们深知，我们的胃只能消化肉，所以，每次出征，必将拼尽全力；每次归来，必将满载而归。今日商道，群雄逐鹿，做不成狼，就只能成为狼的食物。也许你没有天生的'狼团'，但是你有呼叫我们的权力！"

这是何俊锋老师公司文化墙上的一句话，也是我最初想要跟何俊锋老师合作的缘由。一个以"成就大梦想"为信条的人，必然是个有着大格局与大胸怀的人，后来的合作也证明了事实就是如此，何俊锋老师是我所见过的人中少有的能将品牌营销、招商推广、团队打造、战略统一完美结合的人，也是我所见过的人中少有的能将战术、战略和人性分析得如此透彻的人。

在我们这个行业，单纯依靠产品疯狂盈利的时代已经过去，作为行业第一个尝试建立网络渠道的企业，我们有幸与何俊锋老师达成战略合作。"CXO"的概念被何俊锋老师正式引入我们的企业。何俊锋老师用经营自己企业的精神，影响和带动着企业中的每一个人。从概念优化到渠道方向，从团队挑选到团队培训，从战略制定到战术执行，企业各个环节的调整与优化，无处没有何俊锋老师的身影和理念。一个身经百战的导师带给我们的不仅仅是合作的胜利，更多的是值得企业中每一位同仁去长久记忆和深刻反思的东西。

何俊锋老师身上有太多值得传播和学习的东西，不论何时都是朝气蓬勃、斗志昂扬，永远脑中有目标、心中有大路，永远用肯定的精神去鼓励每一个人，他是个有着大胸怀的实战家，是个有着大梦想的行路者。

《疯卖》蕴含了何俊锋老师多年的实践经验，可以说是一本实战指南，相信《疯卖》必然疯卖！

金超

广东金邦化工集团有限公司董事长

湖北乔师傅地坪技术股份有限公司董事长

广东随商实业投资有限公司董事长

东莞市湖北随州商会会长

东莞市湖北商会执行会长

推荐序四

为什么有些看似普通的产品却可以卖到天价？

为什么有些能力不强的人却可以赚得巨额财富？

……

这本书将为你揭开埋藏日久的秘密，其实，长久以来，曾经有少数人或多或少地悟到了一些，而这些人无一例外地都获取了巨额财富。然而，竟极少有人披露这一秘密，因为每一个触碰到这些秘密的人，都绝不希望有人再触碰到它们。

2004 年，我从一名工厂车间流水线员工转为一名业务员，从零开始，用短暂的 3 个月时间就达到了 80 人团队的第一名；2010 年，我开始做联通代理，以 2 万元、2 个员工起家，1 年内就达到了联通项目组 65 名代理商中的第一名；2015 年，我开始正式涉足环保行业，不到 3 年就迅速打开市场，把我的品牌做成全国乃至东南亚小有名气的环保行业品牌。其实这期间我也遇到过无数的瓶颈和困惑，也不断拜师求学，潜心研究营销学、管理学，后来看到《疯卖》这本书，惊喜地发现，原来我实操的方法很多都在这本书上写着！而且书里的内容更加精炼、更加实用、更加落地！

我们生活和工作中遇到的一切问题，归根结底都是人的问题，而《疯卖》正是研究人性、消费习惯的一门学问，它把人的思想拆开，就像修理工看待一辆汽车一样，把一个人的"思想零部件"都研究透了！看完《疯卖》，你就会知晓，如何让一个人主动购买你的产品、为你打工、成为你的粉丝，甚至爱上你！

何俊锋老师首次一字一句地、系统化地、毫无保留地把他12年的商场实战经验浓缩成这本书，"十年磨一剑，霜刃未曾试。今日把示君，谁有不平事。"本书一定可以帮助到有梦想的你！

最后，预祝《疯卖》大卖，也预祝何老师桃李满天下！

陈俊
广东盛世净源环保科技有限公司董事长
深圳市盛世净源环保科技有限公司创始人
广东湖北商会青年商会东莞分会会长

前　言

　　我从事营销策划工作 12 年，服务过大大小小的企业上百家。在这 12 年里面，无论行业内说我们擅长的是招商，是品牌，是营销，还是策划，其实我们干的最重要的一件事情就是一个"卖"字！把产品和服务卖得更多，卖得更贵，卖得更久，这三个维度的事情一直是我们的工作。当然在这 12 年里面，我们接触到各种各样的企业，有传统制造业、快消品行业、互联网业，甚至还有地产业。他们来找我，都是带着问题来的，都想从我这里得到一个完美的解决方案，实现快速扩张。对我们来讲，我们的目标就是帮助他们从不完美变得更加完美，从而成就他们的大梦想。

　　在解决企业问题时，我做的第一个动作是为企业"体检"，企业发展的现状跟存在的问题其实跟它的老板有相当密切的关系。这些老板被我分成了两种类型，第一种类型是技术型的，这些人的优势就在于能把产品做得很好，但是经常会陷入营销困局。在这些老板眼中，把生产出来的半成品或者配件卖给到别人就是一个完整的产业链了，其实这种想法是非常狭隘的。我曾经说过，OEM 加工对整个中国制造业的伤害是巨大的，限制了企业老板的思维，让我们中小企业的老板不再会去思考销售的问题、品牌的问题。那么这带来的严重后果是企业渐渐受制于人，接到的订单条件变得越来越苛刻，价格被压得很低，甚至没有利润了，然而企业一点办法都没有。这个时候企业老板才发现，原来商业世界不是这样的，原来他的企业是不完美的。

这种企业需要解决营销创新的问题，这也是我说的第一种把不完美变成完美，他们的创新该怎么开展呢？在本书里，我提到的延续性创新和破坏性创新就是给这种企业的两种营销创新的解决方案。

第二种类型的企业老板是销售型的，那他为什么不完美呢？因为这些人往往都有一个最致命的问题，就是自己干可以，教别人不行。创业初期，他会迅速地赚到第一桶金，但是很快他会发现一个问题，招来的人都不如他，慢慢地所有事情他都亲力亲为，他在前面拉着这些人，很辛苦。老板自己也觉得不完美，因为企业到了一定阶段的时候，他发现就他自己一个人在干，5 年、10 年后还是这个样子，销售额提不上去，企业没有收益增长，甚至出现倒退。他不知道怎么去裂变跟复制，这是他的不完美。

对于这种企业，我们会帮他创新营销模式，然后打造标准的团队去简单复制，对于营销中的关键环节，我们可以集中优势兵力打歼灭战，帮助团队实现攻坚！在书中，我用《孙子兵法》中的"求之于势，不责于人"的思想，进行详细阐述。

其实在 12 年前创业的时候，我们的定位就是去解决一些当时的策划公司、咨询公司、设计公司等解决不了的问题。其实不管是设计、包装还是策划，传统策划公司干的事情，大都是把这个产品的前 80% 的问题解决掉，让它变成看起来很厉害的样子，但是没有人解决最后 20% 的问题，也就是"临门一脚"让用户马上购买的问题。

这个"临门一脚"，其实最终就是对人性的把控。我经常说成交决策包括两部分，一部分叫理性，一部分叫感性。如果企业的产品和服务解决不了用户理性的需求，就是用户完全没有这个需求，那这个决策模型就不成立了。就像把梳子卖给和尚一样，我并不怀疑能把梳子卖给和尚，但是要想大规模地、持续地把梳子卖给和尚，这不是一件容易的事情。因此理性这一面，我们首先干的事情，是要对一个行业做调研，对一个产品做深入的了解，对用户去做分析。成交就是在用户的需求和企业的产品之间架起一座坚固的双向互通的桥梁，桥梁的一边是企业把产品和服务卖给用户的通道，另一边是用户把建议和需求反馈给企业的通道。

然而在成交决策过程中，只有很少一部分人是被理性打动的，你需要给他的第一个理由，是这个产品确实对他有用，这是需要理性的。但是为什么我要买？为什么今天我就要马上买？为什么今天我一定就要马上向你买？这件事情一定是有共性的，这个时候就需要感性的一面来主导了。举个例子，我在招商会现场销讲时，很多时候并不是我一个人影响了所有人，而是我先用企业的优秀基因感染了自己，然后自己影响了会场上的10%～30%的积极分子，然后我跟这些积极分子一起，又影响了50%的人，最后那部分人是典型的羊群效应，他们甚至都没来得及思考就会产生购买。这其实就是一个博弈的过程，要不然是你影响他，要不然是他影响你。如果你坚定自己是对的，你坚定自己的信念是对的，你的思想是对的，你是发自内心地在帮他，你就应该坚定地去做这件事情。

我经常讲，我们今天的用户是有共性的，不管是什么年龄段的用户，也不管是什么身份的用户，在这些社会标签的背后，都是智人。我们智人这个物种通过进化走到今天，是有很多基因里面的共性的，比如：面对未知时的恐惧、面对资源时的贪婪、面对得到时的快乐和面对失去时的痛苦。这些共性曾经帮助我们从非洲草原走到今天的文明世界，同时这些共性也会影响着我们的日常行为，我们通过掌控这些共性，去影响他们的决策。所以我经常说：要想实现疯卖，必须要学会洞察人心，洞察人性。

在本书里我花了很大的篇幅去讲两个环节：第一个环节是怎么把产品，通过线上、线下卖给 C 端的用户，这是一个讲方法的篇章。第二个环节重点讲的是怎么样复制给更多的人，去做你第一个环节做的事，这是讲人性的篇章。

曾经有朋友问我："你们能解决这么多企业的问题，帮助他们实现产品的疯卖，是不是有什么独特的秘籍呢？"

其实，这个世界从来没有什么秘籍，12 年来，我们的确研究过很多的思想原型，当然更包括西方的各种营销和管理之道，像美国通用电气前 CEO 杰克·韦尔奇推行的"六西格玛"标准，日本"经营之神"松下幸之助的"自来水哲学"，美国"定位之父"杰克·特劳特的"特劳特定位"，这些思想原型都在很大程度上帮助了我们在面对企业问题的时候，进行更深层次的思考。

当然，在品牌和营销的工具应用上，我们也不会拘泥于哪一个门派，如果你要解决的是线上销售的问题，肯定我们会推荐使用阿里巴巴、京东等这样的平台；如果你要解决对个人用户的宣传推广问题，我们肯定推荐使用腾讯、今日头条，甚至抖音等这样的推广平台；如果你的企业需要找的是企业客户，那么我们可能推荐的就是百度和 360。当然，细分下去更是，什么样的需求运用公众号就能解决，什么样的需求要做个小程序，什么时候用搜索引擎营销，什么时候用信息流和新媒体，我们也都是完全根据解决问题的效果来选择推荐。所以，在我们眼里，没有最好的，只有最适合的。

在品牌传播上，虽然我们支持一句话把自己说清楚的品牌定位语和一句话打动用户的品牌广告语，但在传播的方式上，我们既会推荐使用传统媒体，也会推荐使用新媒体，如果有必要，像《南方都市报》这样的纸媒和央视这样的国家官方媒体我们也会推荐使用。

在我们眼里，没有完全的好坏、对错，只有在当下最适合的选择。所以我们说，我们是营销策划领域的实用主义者。

从0到1是一件很难的事，在走向成功的路上很难，在面对评判的时候很难，在历史长河里通过时间的检验很难。但是从1到3，甚至从1到N却相对容易，一间齐黑披萨火了可以复制好多个分店，一个摩拜火了迅速涌现出优拜、ofo、小鸣、哈啰等共享单车品牌，一种运作模式出现了可以应用在各行各业。在现今社会，不是比谁创造得快，而是比谁学得快。那么为什么都是复制，有些企业留下来了，有些被淘汰了，那就是不光要学，还要有创新，结合实际学以致用。所以说优秀靠模仿，卓越靠借鉴！

这也是《疯卖》的原则，我们不创造理论，我们借鉴；

我们不纸上谈兵，我们举例；但我们绝不人云亦云，我们总结提炼再加上自己的心得。我们坚信，也许你正在面对的问题正好是别人刚刚成功解决过的，而你成功解决过的问题又恰好是正在困扰别人的问题。如果你曾经听过我的演讲或者将来有机会面对面听到我的演讲，你就会明白，我是在用生命的热情帮助企业实现疯卖的梦想！

何俊锋

目 录
Contents

第一步

产品品牌打造

    "疯卖"的第一步，是打造出你的产品和品牌。品牌就像一个人一样，是有生命力的，从名字到 Logo，从品牌故事到品牌形象，任何赋予品牌的元素都会成为它的标签，给消费者留下深刻印象。

一、品牌差异化定位

做品牌是一个漫长的过程，有了名字和商标并不意味着做成了品牌。如今市场上品牌繁多，要想突围而出，就要有差异化的定位。

小米从创业到上市只用了八年时间，但在八年前，几乎没有人相信小米能成功。其实不要说上市了，就连当年雷军宣布要做小米手机，也普遍不被人看好。这不仅仅是因为当时国内低价山寨机横行，有点名气的手机厂商更是低配高价，小米进入手机行业，以高配低价的打法与众多的国内手机厂商站在了对立面，更是因为小米一开始做的根本不是手机，它做的是在安卓系统的基础上优化出的更好的系统。但就是这样一个看似"半路出家"的品牌，却成了国产手机里的黑马。

对于小米为什么能够成功，有人说是因为它便宜，但便宜的手机也不止它一家，中兴、金立这些国产品牌有历史、有口碑，价格也不贵，为什么最后却渐渐消失了？而且如果用户真的在乎价格，为什么苹果在中国的销量始终居高不下？显然仅仅靠低价格是无法让小米手机走到今天的。

到底是什么造就了小米手机的异军突起，突出重围？一个很关键的因素是小米手机的品牌差异化。那么如何才能实现品牌差异化，如何踏出做品牌的第一步？

1. 什么是品牌差异化

品牌差异化指品牌在消费者心目中占据一个特殊的位置，以区别于竞争品牌的卖点和市场地位。

全球最大的日用消费品公司之一的宝洁公司，光洗发水就有六个品牌，想去屑用海飞丝，想柔顺用飘柔，想时尚用沙宣，这些品牌的广告和广告语消费者都熟得不能再熟了，总之六个品牌个个卖点不一样，个个都好卖。但如果不说，你会知道这些品牌都是同一家公司的吗？这就是宝洁的战略，通过品牌差异化把各种各样的人群和需求都囊括其中。

同一家公司做不同品牌尚且要差异化，更何况想要在偌大市场里分一杯羹的新品牌。例如，当优信、瓜子、人人车等二手车平台都在抢滩二手车市场时，瓜子二手车直卖网首先喊出"没有中间商赚差价"，一下就把自己和其他二手车平台区隔开了；当市面上一堆白酒品牌个个喊着祖传秘方古法酿造、历史悠久时，江小白出其不意以"轻口味""青春小酒"杀出了一条血路。

再比如当初的小米手机。小米手机的品牌差异化主要有几点：

首先，它最大的王牌就是高性价比，便宜的手机品牌不是没有，但又便宜又厉害的就很少。小米的成功，很大程度上就是实现了把看起来最好的产品卖最低的价格，只需要花1 999元，就能享受到跟国际顶尖产品相差无几的性能，这样"低价高配"的标签和品牌定位迅速就让小米在众多二三线城市中获得市场份额。

其次，是它的核心优势，MIUI系统。小米是先做的系统，然后延伸到手机，看似半路出家，却也恰恰成了小米与其他品牌不一样的地方。小米做了个社区，聚集了大批的手机发烧友，在发烧友的参与、讨论、互动下，诞生了MIUI系统。而MIUI系统是公认的在安卓系统中好用的一款，它多了很多人性化的设置，一些功能是苹果或者其他品牌的系统无法实现的。凭借这一点，小米手机策划了一个广告语，叫作"为发烧而生"。如果说别的品牌是单向的供应方，那么小米既是供应方也是接收方，对于这些发烧友来说，小米与其他品牌的差异就在于让他们有了参与感。

再次，就是小米手机的销售模式。雷军用"社群＋电子商务"的营销模式砍掉了中间环节，让用户可以第一时间用最便利的方式购买小米手机。你可能在很多手机品牌的官网或京东等电商平台上买过手机，但小米连新浪微博、微信、QQ空间的渠道都打通了，用户可以随时随地购买，实现真正的所见即所得。

综上几条，造就了小米手机的品牌差异，造就了小米的异军突起。

2. 如何进行品牌差异化定位

对新品牌进行差异化定位首先要了解用户的需求，市场的需求。宝洁为什么能做六个品牌的洗发水，因为人们有去屑的需求，有柔顺的需求，有时尚的需求，这些方方面面的需求为宝洁创立这些品牌提供了依据，但不是说海飞丝主打去屑就不能解决别的问题了，而是找到一个落脚点，精准地指向用户的某个需求，做喊口号的第一个品牌，这样后面再喊的就都是第二个了。

对新品牌进行差异化定位其次要了解企业自身有什么。你自身有什么才是决定你能提供给他们什么的关键。云南白药创可贴进入市场的时候，一句"有药好得更快些"，直击邦迪创可贴"无药"的缺点，从而反客为主成为领导品牌，而这样做的前提是，云南白药一直以来就是以制药著称的，创可贴只是它顺理成章的产品，自然就能一下子打入市场了。

对新品牌进行差异化定位，最后要提取用户的核心需求和企业的核心优势，并在两者之间架起一座桥梁。这座桥梁可能是全新的、市面上没有出现过的、企业独有的，也可能是市面上普遍存在但又被人忽略的。比如钱大妈的"不卖隔夜肉"，不卖隔夜肉是件基本又寻常的事，只要是有良心的商家都应该这样做，但从来没有人把这点拿出来强调，钱大妈第一个喊了出来，结果瞬间就在消费者心中成了标杆式的存在。

因此，品牌实现差异化并不难，首先是要找准用户的需求，结合自身的优势，做那个第一个喊出来的品牌。当然用户需求有很多，但有很多需求是表面的，我们要挖掘出深层次的需求，也有很多需求是附带的，我们就要能看到最首要的需求。其次是要提炼企业自身的优势。 企业可能有很多优势，但一定要找到最有竞争力的点，否则品牌或产品推到市场也只能人云亦云，无法做到差异化，就像小米手机提出全面屏，然后大家都跟着打全面屏的概念，这就有点照猫画虎的感觉了。最后是要为用户需求和企业优势架起一座桥梁，找出那个还未被开发的点，让品牌在用户心中打下不一样的烙印。

属性定位

一个品牌的诞生无非有两个原因，用户有需求、企业能满足，企业有引导用户发现未被激发的需求的能力。简单来说就是企业能提供满足用户客观需求的东西，比如共享单车满足了没有自行车的用户客观存在的出行需求，或是企业提供的东西不是用户必需的，但是会诱发主观层面的需求，比如便携式定位跟踪器这种产品，绝大多数买的人不是因为有汽车安全的需求，而是为了满足主观上的那份好奇心，想知道别人开我的车去哪了，干什么了，等等。从这一点来看，我们可以按照用户的属性和产品的属性给品牌做差异化定位。

我们知道一个品牌通常有它主打的受众，就像化妆品分为少女品牌和熟女品牌，汽车有适合女性开的和适合男性开的，这就说明用户是有属性的，如性别、职业、年龄、地理位置、身份、爱好、星座，等等。而用户的属性又决定了他们有什么样的需求，比如江小白，在大部分白酒品牌都围绕着 30 岁到 50 岁的男性做定位、做营销时，江小白独树一帜，瞄准年轻人这个尚属空白的群体，一举拿下这些新生代购买生力军的市场。这个例子里，江小白根据用户的年龄划分出年轻群体，年轻群体的需求不是高浓度一喝就面红耳赤，也不是一喝就一醉方休，而是小酌几杯还能面不改色谈笑风生，于是从用户的属性出发，江小白层层剥丝就找到了"轻口味""青春小酒"这样的定位。

另外我们可以根据产品属性做划分，产品的属性是指产品功能、产品大小、产品价格、产品口味等，服务也是一种产品，它的属性就有舒适度、便捷度，等等。比如零度可口可乐，在保留经典味道的同时，给予消费者无糖无热量的体验，满足了喜欢喝碳酸饮料但又惧怕高热量的人群的需求，因此就有了无糖型碳酸饮料这样的差异化定位，填补了碳酸饮料行业的一大空白。

关联定位

如果用户属性及产品属性和其他品牌没有太大的区别怎么办呢？可以采取"关联定位"的方法，核心就是参考市场领导者建立定位。当行业内已经存在比较领先的企业，俗称"业界大佬"时，我们做不了第一，做个第二还是可以的。就像当初蒙牛在伊利老大哥面前谦逊地说"做内蒙古第二品牌"，谁能想到说着说着就有了今天和伊利不相上下的江湖地位呢。

做不了第二也没关系，攀上关系就行。比如茶叶品牌勐乐山，是勐海的六大古茶山之外的一座山，代表怡然而乐的心境，将此盛产的茶叶命名为勐乐山，然后作为品牌的名字。云南有六大古茶山，于是勐乐山直接借六大茶山的辉煌，将品牌定位为第七大茶山，一下子与六大茶山扯上了关系，不但师出有名还显得高端大气上档次。

领导者定位

如果行业里还没有领导品牌，那么首选方法就是领导者定位，强调自己在同行业或同类产品中的领导者地位，当仁不让地抢占第一称号。比如，加多宝被迫改名后立刻打出"正宗凉茶"的广告，确立自己的江湖地位。

概念定位

概念定位就是在司空见惯的品牌和产品的基础上，对品牌和产品进行一种概念的包装，使品牌或者产品在用户心中占据新的位置，并形成一种新的概念，以此造成一种新的思维定式来获得用户的认同，使其产生购买欲望。拿天地壹号作为例子。天地壹号是一种苹果醋饮料，号称居民餐桌上继鱼、肉、青菜、米饭后的"第五道标配菜"，突出健康佐餐的概念。通过这样的思维定式来获得用户的认同，使其产生购买欲望。同样地，农夫山泉的"有点甜"概念定位，也让用户对水产生了想法。且不说农夫山泉的水是不是真的比别的品牌的水甜，但它提出了这个定位，就将甜水和好水挂钩，让用户形成了思维定式，似乎"甜"才能说明产品的良好品质。

案 例

齐黑披萨（HEI PIZZA），你听说过吗？没有听过，那很正常，生活在城市的你，没听过是正常的。

这是一个乡村披萨连锁品牌。只用了两年三个月的时间就已经开了近30家店，你可能会说，这有什么了不起，但我要告诉你的是，过去两年，齐黑披萨只开了两家店，剩下的这20多家店都是在最近三个月开的，而且加盟势头非常猛，如果不是店面选址限制了它的发展速度，可能现在门店数量已经过百了。一个小小的披萨店，为什么这么火呢？

三个月前，它的创始人找到我的时候，原本是希望我帮助他写个商业计划书，然后去资本市场融资。我问他融资干什么，他说当然是开店啊，我要把店开进城，开到人流量更多的商业综合体和商业街。那时他只有两家店，都开在东莞的乡镇里，我花了四天时间去他的两个直营店蹲点，发现也不是很火爆的那种网红店，但每天都有三五千元的营业额，节假日促销时能过万元，平均一个月能做到十几万元的营业额，三个营业员，把租金、水电、装修折旧一算，三万五千元左右的月度盈亏平衡点，平均产品的毛利率在70%左右。这样一算，一家店一个月能有三万至五万元的净利润。作为一个总投入才二十多万元的生意，半年内有机会回本，这个回报率简直可以用惊人来形容。

我直接打消了他要写商业计划书去融资的念头，因为项目本身就具有非常强的融资能力，根本不需要找资方融资。同时打消了他要进城开店的念头，他当初因为没钱所以只好把店开在了乡镇里，这恰恰成了他的核心优势。

第一，一个年回报率超过200%的实体加盟项目，在今天整个投资领域都属于超高回报，这样的项目只要是个有基本投资常识的人，都会去争抢。如果我们统一配送和统一形象，让加盟商直接傻瓜式操作，那么加盟无忧，没有谁能拒绝这种坐收现金的生意。

第二，为什么赚钱？首先是产品的三个特性：时尚、性价比高和营养丰富。披萨是个洋食品，从三岁到三十岁的年轻人都喜欢。只要是个年轻人，都很难拒绝披萨，因为不管你是南方人还是北方人，你都拒绝不了时尚。说到性价比，你可能会问，你们的披萨是不是很便宜啊？其实光便宜没有用，因为用户从来都不只是要便宜。你看，一个12寸的披萨，再加份烤鸡翅和薯条，几杯饮料，足够一家三~五口人吃，一共才一百多元。假如找个稍微好一点的餐厅，吃同样的食物没个三两百元，根本不行。况且，比萨营养丰富，里面有负责填肚子的面饼，有肉，还有好吃的芝士和水果，你还能找出比它更全面更丰富的食品吗？再加上它不光可以早上吃，中午吃，下午茶吃，还可以晚上吃，夜宵吃，最重要的是做披萨根本不用高资历的厨师和复杂的制作工艺，它是一个完全标准化的产品。

第三，你可能此时应该想到竞争的问题了，披萨又不是什么新东西，到处都是，凭什么要吃你家的呢？对了，因为我开在乡镇里，这里是一块没有竞争的蓝海市场，互联网的普及让乡村和城市已经没有了信息上的鸿沟，追求时尚、高性价比和营养丰富是每个年轻人的权利。但你要吃个披萨，没有必要拖家带口地进城吧，在你家门口，我们还真的成了你唯一的选择。现在你知道，我为什么说不要进城，而要聚焦乡镇了吗？所以我说齐黑定位语应该叫：乡村披萨加盟连锁第一品牌！

总结：中国有多少个乡村就有多少片蓝海！所以，我说："广大乡村，大有可为！"

二、品牌包装

与产品不同，品牌就像一个人一样，它是有生命力的，从名字到 Logo，从品牌故事到品牌形象，任何赋予在品牌身上的元素都会成为它的标签，给消费者留下深刻印象。在品牌面世之前，除了找准自己的定位，还要有绚烂的包装，才能让人眼前一亮，认识你，记住你。

1. 品牌故事

故事，是人们认识和了解一个品牌最好的方法。那么什么是品牌故事？品牌故事就是消费者与品牌之间的"情感"切入，以赋予品牌精神内涵和灵性，使消费者受到感染或冲击，激发消费者潜在购买意识，并愿意"从一而终"。简单来讲就是利用故事博取消费者的好感，让消费者记住和认同品牌，成为品牌的忠实粉丝。

"钻石恒久远，一颗永流传"，戴比尔斯的这句广告语可谓家喻户晓、深入人心。但在此之前，钻石与爱情没有关联，也没有任何浪漫意味，只是财富拥有者的炫耀工具。在 20 世纪上半叶，经济的萧条使钻石的需求量急剧下降，尤其钻石除了昂贵和坚硬，没有别的特质，一时间钻石被从奢侈品的神坛赶了下来，开始走入大众市场。戴比尔斯却看中了钻石的特质，把坚硬与爱情的坚贞拉上关系，塑造出一个故事，因为人们希冀爱情美好和永恒，于是永恒的爱情便与钻石画上等号，更与戴比尔斯这个品牌画上等号。当人们想到永恒的爱情便想到戴比尔斯，戴比尔斯的销量自然就扶摇直上了。可见品牌故事是一种很有效的品牌推广策略和营销手段。

生动有趣的故事使品牌信息不仅更容易被消费者记忆，更易于向广度及深度传播和扩散。好的故事为品牌代言，不仅能赋予品牌生命力，使品牌形象更丰满立体、鲜活生动，还可以在更高的层次使品牌精神成为一种标志及象征，达到提升品牌附加值的目的。

写好品牌故事的关键是找准品牌故事的切入点，因为品牌故事重要的不是故事本身，而是能否用故事连接品牌和消费者。只有和消费者发生情感共振，才会激发他们的购买欲望，提升他们对品牌的忠诚度。

从创始人出发

要想讲好一个品牌故事，有一个很简单的方法，那就是从创始人出发讲故事，因为品牌故事不仅仅是个故事，它更是以"人"为基础创立的一种独特的精神、价值观与文化。从人物的角度讲故事，更有亲和力，能快速建立消费者认知和博取信任。这里举一个很典型的例子。昔日的"中国烟草大王"，75岁的褚时健从监狱保外就医回乡，承包荒山种橙子，每天穿梭在橙园里，细心培育自己的果树，直到85岁时，褚时健的橙子终于进入北京市场开始销售。这个八旬老人成为励志故事的典范和榜样，他种的冰糖橙也因此被人们叫作"励志橙""褚橙"，这位老人家也从人生的谷底再次攀上了人生的高峰。顾客买褚橙不仅因为味道好，更想品味和学习褚时健的创业精神，在人生失意时永不放弃的态度，以此实现自我激励。

从品牌理念出发

但是，褚时健的品牌故事不是轻易就能复制的，也不是每个人都有他这般曲折和吸引人的经历，因此这条路行不通的话，不妨想想，你的品牌想传递什么理念或精神，然后从这方面入手。这听起来很虚很空，其实不然，海尔"砸冰箱"的故事就是个很好的例子。

1984 年创建的青岛电冰箱总厂（海尔集团的前身）因经营不善亏损数百万元，张瑞敏临危受命，拉开革故鼎新的序幕。正当此时，发生了一件颇有争议的事情。由于生产过程中出现问题，导致几十台有瑕疵的冰箱从生产线上下来。这样的产品当然不能投往市场，于是有人建议作为公关物品送人，有人建议当职工福利分发下去。张瑞敏此时却做出一个令人震惊的举动，挥起锤子把所有有质量瑕疵的冰箱统统砸毁。这一举动就是想表明海尔对质量的高要求，同时也成就了海尔的品牌故事，于是提起海尔人们首先想到的便是质量过硬。

如果这两种方式都不能让你找到品牌故事切入点，那么就想想你的品牌故事是讲给谁的？这个群体有什么特点，他们的需求是什么？品牌故事就可以从那些有需求的场景切入，又或者是从当地风土人情、文化特征切入，这样的品牌故事对本地人来讲会产生认同感和共鸣，对于外地人来讲，会觉得好奇，并觉得这个品牌有文化内涵。其实品牌故事的切入点很多，关键是要契合品牌，让故事具有说服力，并且能传递品牌的理念和精神。

毕竟品牌故事不是几句口号、广告语，它是一个朴实的故事，用来激发消费者产生共鸣，与品牌沟通。移情至人心，才是最佳的品牌故事。

案 例

让我们把时间拨回到九年前。

2010 年 7 月 28 日，在北京的翠宫饭店，我们为爱国者的哥窑相机举行了盛大的新品发布会。

在发布会的现场，一开始，中国民族企业家——华旗资讯爱国者的董事长冯军便走上台用近三十分钟的时间讲了一个他自己的故事。一个关于他和他父母的故事。

三岁、六岁、十二岁、二十二岁，贯穿了幼儿园、小学、初中再到大学，他的父母在这个过程中含辛茹苦养育他。作为一个农村孩子，冯军从毕业后开始在中关村创业到今天成为民族企业家，这一路上都是父母伟大的付出，但是今天，他们老了，眼花了，手抖了，自己在身边尽孝的时间也极少。在一起的时光很珍贵，老人想记录下来，结果老人用颤抖的手拍出的照片事后才发现竟然是花的（因为当时的国产相机没有防抖动功能）。人生没有几个下一次，子欲养而亲不待……讲到这里的时候，冯军几度哽咽。现场的所有人都在抹眼泪，这时音乐一转，大屏幕上出现了一个画面，冯董事长把一部哥窑相机亲手送到年迈的母亲手上，然后冯母颤抖的手拿起哥窑相机拍下了一张高清的全家福，在全家人的笑声中，全场爆发出了雷鸣般的掌声。

我知道，我们又成功了。

总结：什么样的品牌故事才是好的品牌故事？我们经常看到有些品牌一说到品牌故事就说欧洲神话故事，那些神话故事我们中国的用户难以理解，更别说感同身受了，这样的品牌故事能打动人吗？

2. 品牌包装

在互联网时代，"颜值"这个词早已被应用在生活的方方面面，尤其是每天都会接触到的品牌和商品，更是与颜值一词牢牢捆绑。消费在升级，当基本的功能需求已被过分满足，消费者便会从情感方面寻找能让自己怦然心动的商品，这时"颜值"就成了品牌第一名片，引导消费者对其品牌建立第一印象，并成为激发消费者产生购买欲望的一大切入点。

当然说到品牌颜值其实是一个很大的范畴，但如果站在消费者或是用户的角度，最直观的便是产品、包装以及门店，尤其在互联网时代，线上消费成为主流，产品和包装的颜值便显得尤为重要。产品自身的颜值很多时候会受制于功能的实现，无法做到随心所欲，比如 iPhone X，解决不了前置摄像头的问题就只能留个"齐刘海"，拉低了颜值也没办法，但是，在包装和门店上做文章还是有很大空间的。

品牌故事链接品牌包装

前面说到品牌故事对于一个品牌的价值，而把品牌故事链接到产品包装上，无疑有双重的效果。2015 年，一直以红色塑料瓶示人的农夫山泉瓶装水，一改朴素的外表，推出了玻璃瓶装水。水滴形状的玻璃瓶身上有的画着西伯利亚虎，有的画着中华秋沙鸭，还有的画着鹿和红松等动植物。我们知道农夫山泉一直主打水源来自于长白山地区，以上这些元素便恰好展现了这一地带的特点。这是一个典型的通过图像来讲故事以提升产品和包装颜值的手法，用简单或者写实的图像，讲述自身故事，既有艺术感，又能激发顾客的特殊情感，轻易地便让农夫山泉从众多饮用水品牌中脱颖而出。正是凭借这独特的设计，农夫山泉基本上获得了 2015 年包装设计领域所有重要奖项，包括国际食品和饮料杰出创意奖、英国 D&AD 奖等奖项。农夫山泉也在这次一战成名后，连续几年推出生肖版瓶身设计，让农夫山泉可饮用更可收藏，进一步提升了自己的品牌价值。

品牌色彩链接品牌包装

如果品牌本身没有塑造什么故事，则可以从品牌的其他因子入手，比如赋予品牌独有的色彩。试想一下你走在琳琅满目的商业街上，什么样的门店最容易吸引你？是炫目的色彩组合，还是走极端路线的黑白两色，又或者是化繁为简的素色？

我个人认为当把效果做到极致，以上三种都能成为最让人印象深刻的"颜值担当"。

比如日本知名品牌无印良品，一直被打上"性冷淡"这样的标签，从产品到包装到门店，几乎都是淡淡的原木风情，没有过多的装饰和布置，产品上除了 Logo 和必要的产品信息甚至没有任何花纹，从内到外都在传递一种"少即是多"的品牌理念。这种风格很好地抓住了顾客不想被冗杂的信息淹没，以及对繁杂而无谓的装饰感到审美疲劳的心理，于是无印良品便成了顾客心中的颜值担当。

与无印良品名字类似的品牌名创优品，则反其道而行，用缤纷的色彩填充店面，同样也形成了独树一帜的风格。这个品牌号称十元均一，店铺和产品却绝对不让人感觉廉价，反而会有一种让人超出预期价值的想法，实际上它的产品本身未必有竞争力，但它的"颜值"很好地弥补了这个劣势。因为即便是五颜六色，它也是偏柔和的色调，并且会按照一定顺序将商品归整和排列，顾客在门前一看只会觉得舒服顺眼而不会感觉突兀。它的产品包装也同样采用简洁风，时尚大方，让人一见倾心。

上述的这些方法其实可以进行有机结合，特别是如果你有一个系列的产品，最好就有一个系列的包装。比如像农夫山泉一样将品牌故事拆分出不同的元素，比如根据产品的不同属性使用不同的颜色，各个产品各有其特色，又保持一致的品牌标识。出色的系列产品可以让宣传更有力，更加强化品牌形象。

在这快速消费、需求过剩的时代，"颜值即正义""颜值即王道"的说法虽有些夸张，但颜值是品牌的门面和招牌，高颜值不只让人赏心悦目，更可能带来无可限量的生产力，由颜值引发的经济效益甚至被称为"颜值经济"。颜值有如此大的威力，你又有什么理由不给你的品牌颜值加分呢？

3. 品牌广告语

很多品牌都会用广告语来宣传自己，有"恒源祥，羊羊羊"这样的朗朗上口型的，有"钻石恒久远，一颗永流传"这种强调产品的，当然"充电5分钟，通话2小时"这种就结合了两者的优点了。这些广告语有一大特点就是简短，便于传播，通过反复的播放、口口相传，在一定程度上可以说是广告界的经典。但是如果以销售力来衡量，这些广告语还不够。对于一个初创品牌来说，广告语不单是让人记住品牌，还要能诱导消费。

所谓有销售力的广告语，就是让消费者一看就知道是什么并且能产生消费欲望的广告语。广告语的作用就是促成消费者的购买或使用。现下很多品牌的广告语为了追求华丽的辞藻、优美的句型或者朗朗上口的感觉，反而忘了最基本的初衷，导致广告语很美，传得街知巷闻，但是不能转化成销售额，那么花大笔费用做传播的作用就大打折扣了。策划界有一句话很经典：广告语就是一句打动消费者的话，说的就是广告语要有销售力。要做到有销售力，需要三大元素：场景、行动力以及品牌名。

有场景的广告语

我们来看这几个广告语："怕上火，喝王老吉""没事就吃溜溜梅""有问题，上知乎"，它们的共通点就是场景，"怕上火""没事"以及"有问题"都是一种场景。通常情况下，消费者产生消费需求，都是为了解决自身遇到或可能面临的问题，如"怕上火"是可能面临的问题，"有问题"则是已经遇到了问题，而好的广告语往往能够帮助消费者认识到问题所在，激发他们潜在的欲望，促使其进一步了解产品。场景是最好的表现问题的方法，能够引导消费者先关注到自己的情况，因为人本来对品牌或产品是没有需求的，只有将自身代入了场景，才会意识到自身的需求，这时候我们给出场景并且紧接着提出解决方案，一下子就击中消费者的痛点，自然就会促成购买了。

有行动力的广告语

第二点是行动力，就像上文所说的，在塑造场景后还要给出解决方案，这是一个极其自然的过程，让消费者产生一种心理，品牌不单只了解他们的问题、他们的需求，使用这个品牌，还能马上解决问题。因此有销售力的广告语也是有行动力的广告语，能驱动消费者做出某些行动，因此动词在广告语里是一个很关键的元素。比如"有问题，上知乎"就是一句行动力很强的广告语，它搭建了一个场景，直接点出用户的困境，紧接着用一个行动指令劝导用户采取行动，"有问题"，就是场景，"上"这个动词给了用户行动的指令，"知乎"是品牌名，简洁有力，清楚明了。再来看红牛的广告语，"困了，累了，喝红牛"，同样是场景加行动指令，没有强调功能，也没有强调成分，反正困了累了，就喝红牛吧，你会马上好起来的。同样地，"困了，累了"属于场景，"喝"是行动指令，"红牛"是品牌名。 这是一种心理暗示，每当遇到相似的场景时消费者很容易就会联想到特定的品牌，从而选择消费。因此行动力在一个好的广告语当中是非常重要的元素。

有品牌标识的广告语

最后是品牌名，通过上述的一系列例子，大家可以看到，这些广告语还有一个共通点，就是会把品牌名字植入广告语，以上例子是用品牌名字作为名词的，还有一些更巧妙的植入方式。 例如，"百度一下，你就知道""感觉不在状态？随时脉动回来"，就是把品牌名字直接作为动词、行动指令，这样更加直接、形象，品牌的功能属性也能彰显出来。

当然，很多经典的广告语像耐克的"Just Do It"、麦当劳的"我就喜欢"、佳能的"感动常在"等也没有品牌名，但是这些广告语也很火。 的确，有些广告语并不会在字面上加上品牌名，但如果看他们的广告，你会发现旁白通常都会把广告语和品牌名一起念出来，其实也是把两者关联起来了。更重要的是，这种类型的广告语不是为了销售某一个单品，而是要推广整个品牌的形象，比起销售力，它们更倾向于表现品牌的个性。由此我们可以归纳一个思想，初创品牌或单品的广告语更适合用有销售力的广告语，毕竟这两者的目标都是转化销售；有一定历史的品牌在塑造品牌形象时则可以偏向彰显品牌的个性和特点。 无论哪种情况，关键是广告语要能与消费者产生链接，否则只是感动了自己。

案 例

新旧Logo对比

君欣原Logo

一只可爱的小鸭子
初创——刚刚起步

升级Logo

成长后的形象，正值青壮年
更专业、年轻化的形象
正面表情更丰富，容易引起好感
应用更方便

图1

看看图 1 的两只小鸭子，感觉有什么不同呢？

我先介绍一下品牌背景，这是一个有十多年历史的烧腊快餐连锁品牌，在过去的十多年里，一直专注在佛山开直营店，有近五十家门店的规模。现在想要走出佛山，面向全国加盟连锁。

面对这样的品牌诉求，我们的品牌升级方案一次通过。

一对比，可以看出我们做了三大主要升级：

第一，把一只只有侧面形象的可爱羞涩的小鸭子变成了一只正面的有笑眯眯表情的成熟又不失青春的鸭子。

第二，给小鸭子加了一个象征商务和餐饮服务的红色领结。

第三，在品牌君欣的后面加了烧腊两个字，以强调品牌的特色。

你有没有发现，瞬间，这只鸭子本身已经变成了一只会说话的鸭子：

第一，我长大了，正值青春，值得托付。

第二，我是餐饮服务行业里的商务加盟品牌。

第三，烧腊是我的招牌。

三、品牌视觉形象升级

品牌视觉形象是对消费者而言最直观的品牌元素，很多企业在遇到发展瓶颈时会想到换一套品牌视觉识别系统，希望用新的形象面对大众，焕发生机。品牌视觉识别系统，也就是我们通常说的 VI。但是企业很容易对这个想法犹豫不决，举棋不定，主要的原因有两个，第一，当初的 VI 设计是花了大价钱、大力气的，现在重新调整不知道能不能做到原来的水准；第二，原有的品牌形象在用户心中已经形成烙印了，换了 VI 系统之后，不知会不会不利于用户识别，甚至影响用户对品牌的印象。因此什么时候升级品牌视觉形象，怎么升级，都是有着大学问的。

1. 选对时机，视觉升级

知名视频门户网站土豆网对 Logo 进行了全新升级，这一次升级的改变自然是不少的，包括图形部分将原来的"眼角一枝泪花"变成了"亲亲嘴"的全新造型，原有的口号"每个人都是生活的导演"直接删掉了。最重要的改变是，新 Logo 将

tudou.com 这个域名也去掉了，这意味着土豆不仅仅是 PC 端的视频网站，在移动端也将大有作为。

无独有偶，全新升级的京东 Logo 也把 JD.com 这个域名拿掉了，在手机、平板等移动设备盛行的时代，还局限在 PC 端无疑是死路一条。土豆和京东这两大互联网巨头 Logo 的全新改变正是自身战略高度的彰显，表明它们将实现从 PC 端到移动端的全面覆盖。因此一个品牌的形象升级往往伴随着重要的战略调整或重要的时间节点。

品牌重新定位

品牌重新定位包括经营领域重新定位、产品重新定位、市场重新定位、目标客户群体重新定位等方面。之所以要再重新位，因为出现了以下问题：（1）原来的品牌定位是不准确的；（2）原有定位阻碍企业开拓新市场；（3）原有定位削弱品牌竞争力；（4）消费者的消费需求或消费偏好发生了变化等。例如，在餐饮行业，曾经的消费主力军是没有太多讲究的60后、70后，一家店味道好，他们就会成为忠实"粉丝"，不轻易尝试新东西。今天的主力军却是相对挑剔的80后、90后，甚至00后，他们乐于尝试、享受挑战，而味道不是他们最在乎的，"颜值"也很重要，面对这样的年轻的消费群体，一成不变、落后过时的品牌形象将阻碍品牌成为他们的选择。在这方面，连麦当劳、肯德基这样的老牌连锁餐饮店都在行动。以往提到肯德基大家首先想到的一定是那个老头和红色的门头，现在的肯德基已经改头换面，多了很多不一样的年轻元素，有以篮球为主题的门店，有以海底世界为主题的门店，等等。 肯德基力求迎合消费者的偏好，誓要将消费主力军牢牢掌握在手中。而麦当劳在 2003 年的全球化品牌形象升级风暴中，放弃其坚持了将近 50 年的"家庭"定位立场，将目标集聚到家庭母子消费群体以及 35 岁以下的年轻消费群体，广告语也跟着调整为"我就喜欢"，并且将策略的中心放在"年轻人"身上，它的视觉系统也随之进行调整，变得更贴合年轻人，更贴近潮流。

品牌走向国际化

品牌形象为了适应品牌的国际化而进行调整，这是众多企业进行品牌视觉形象升级的最根本动机，这点从万科的 Logo 变化可见一斑。过去万科的 Logo 是由 4 个字母"V"组成的方块标识加中文"万科"及广告语。 随着后面流行风格的改变，新 Logo 直接以万科英文简称"vanke"代替，保留中文"万科"以及广告语，简洁现代的字体预示万科品牌未来在城市配套服务领域的更多发展空间。而 2018 年，万科 Logo 再次做出调整，省去所有中文字体，并加粗英文"vanke"，用更简约的视觉语言，充分展现具备国际视野和亲和力的集团品牌形象。

品牌应对运营危机

公司在运营过程中难免遇到各种问题,内部工作环境与文化氛围的变化,以及大市场环境的调整,都会要求企业对品牌形象进行规范化,这时候升级和导入统一的 VI 系统同样是顺应发展和市场的需求,同时能够使公司原有形象得到延伸。现在火遍大街小巷的喜茶,其实前身叫皇茶,但因为仿冒店越来越多,为了不让山寨品牌毁掉皇茶这两个字在消费者心中的形象,喜茶创始人聂云宸以 70 万元的高价购得"喜茶"商标,将皇茶正式更名为喜茶。而为了适应这一改变,喜茶的门店装潢风格也有了很大改变,原本可能是一间普通的、靠奶盖特色吸引人注意的门店,摇身一变为有黑金主题、少女风等各式各样的风格,更加吸引年轻人的时尚奶茶店。

以上三点是比较常见的适合去做视觉形象升级的情况,结合这些关键节点去做调整,一来消费者比较容易接受,二来也是向市场宣告品牌的最新发展,借助视觉形象强化人们对于品牌新动向的了解。

2. 选对方法,视觉升级

如何去做视觉形象的调整呢?无外乎两种方法,优化升级和颠覆性改变。在原有基础上做"优化升级"的好处是显而易见的,毕竟较为保守的"优化"比颠覆性的重新设计更容易使人们接受。同时，也更利于维护品牌先前建立的"固有形象"与品牌信任度。通常情况下设计师会根据现实需求优化原 Logo 的外形样式，更新 Logo 的配色并简化其整体形象以树立更鲜明、更符合时代审美、更独具风格的品牌形象。紧跟着就可以根据优化过的 Logo 样式和配色对整个 VI 系统进行优化。

而选择重新设计品牌则是彻底的"改头换面"。例如，零食品牌良品铺子，对品牌的视觉体系进行了全面改造，不仅涉及品牌 Logo，还涉及标准字、标准色、象征图案、宣传口号。此次 VI 升级，最显著的变化就是 Logo 上的卡通形象"良品妹妹"不见了，变成一个类似雕刻印章并处理为变体的"良"字。这个"良"采用削减笔画的表现形式，去掉左侧的一竖及下半部分一撇一捺，取而代之的是在下方类似"倒对勾"形状的线条符号。此外，Logo 主色调也从橙色变成了更吸睛的大红色，与背景的深蓝形成撞色，看上去更加简洁、大气。市面上我们看到的零食品牌大多是一个生动的卡通形象，如三只松鼠，给人一种亲切、实惠的感觉。良品铺子却反其道而行，Logo 更时尚，门店的空间升级也更倾向于满足年轻群体的需求。此外，良品铺子还对整体包装进行升级，包括常规品类、伴手礼包、礼盒、现场包装等都进行了升级，最终使消费者在门店体验到完全不一样的感觉。此次更换品牌视觉形

象，代表良品铺子定位更加高端化，明确专注品质，不搞价格
战，目标脱离同质化。这也是与良品铺子自身的定位相关的一
次重大改变，也就符合我们上面所说的，在重大战略调整节点
去做相应的品牌视觉形象升级。

总结来说，品牌视觉形象升级在品牌发展过程中是很有必
要的，选对升级的时机以及升级的方式对品牌至关重要。切忌
凭一时喜好或盲目追随流行趋势去做调整，结果可能得不
偿失。

四、打造老板个人 IP

为什么很多成功的企业都有一个明星老板？比如阿里巴巴
有马云，小米有雷军，格力有董明珠，甚至有些品牌本身没有
出名时，老板已经作为品牌的代言人出名了。那么老板个人出
名与品牌到底有什么关联呢？

1. 让用户记住你

我们正处在新商业的环境中，信息爆炸的时代，科技发展
的时代，市场和用户发生了很大改变，致使企业无论是战略层

面的决策还是战术层面的选择都与以往有了很大的不同，并且要求企业的响应速度更快，更及时。

所谓的新商业，就是随着信息技术的发展，受其影响而兴起的新的商业形态。平台化的普及，共享经济的出现，都是新商业的一种体现，而在这种态势下，用户的变化是非常大的，最明显的就是快速消费的习惯。以前普遍用现金，买个东西掏出钱包的那几秒还能想一想到底买不买，现在有了支付宝、微信，扫一扫钱就出去了，有时候根本来不及思考。还有外卖平台、购物平台等一站式的线上平台，让人们足不出户就可以满足衣食住行玩的各种需求。用户不需要费心思去寻找，平台就会根据大数据不断为他推荐相似的东西，省去了以往一间间实体店对比的过程。

这种快速消费的习惯，让用户变得越来越没有耐性。过去用户有需求，他会愿意花时间去了解、比对、尝试，最终做出决策，今天高度发达的互联网让用户不需要考虑太多，觉得好就买，不合适就退。因此今天用户与品牌从强关系走向了弱关系。用户不会被绑在一个品牌上，而是就需求选产品，只要产品能满足需求，品牌就不是最重要的了。所以我们经常听到业务员说业务难做了，那是因为过去业务员会花很多的时间和精力去接触一个用户，不断深化两者的联系，以此达到成交的目的，而且一旦成交，可能会是一种持续的合作，但是今天用户的选择变得多了，他也不可能给业务员那么多时间去维系感情，业务员要想成交业务，绝不能绑在一个人身上，而是要广泛建立弱关系，增大成交的概率。

在这样一个人和人之间普遍都是弱关系的情况下，如何让用户能记住你和选择你呢？我们认为企业要打造老板个人IP，加深用户品牌印象。

在这样一个供大于求的时代，每天都有新事物出现，要让用户在众品牌中认识你，记住你，最好的方式就是让他记住"人"。用户可能很难记住你的Logo，你的广告语，但是却很容易记住一个活生生的、个性鲜明的人。记住了你这个人，就记住了你的品牌。

我们先来看看聚美优品及它的老板、代言人陈欧的故事，2012年的陈欧凭借一句"我为自己代言"，让大家见证了一位普通创业者如何摇身一变成为"创业明星"，聚美优品是赶在京东、阿里巴巴之前成功在纽交所上市的。当然，聚美优品当时的成功，不能完全归功于他的一句"我为自己代言"。

到了2012年，他一句"我为自己代言"让"陈欧"这两个字成了年度最佳"自我营销"。但是，不可否认的是，陈欧在当时树立了一个良好的个人形象，而这同时也为他的企业团队树立了一个良好的公众形象，他就是品牌承诺，代表着聚美优品。

2. 节省成本

再看我们的"电器女王"董明珠女士如何为格力披挂上阵。董明珠在谈到自己代言时候,是这样说的:"演员做广告几千万,未必有承诺。""代言"这个活,以前是一些明星的主业,但是,随着"企业自媒体"的兴起,很多企业家都在斟酌到底是请明星代言还是干脆自己代言?其实,没有任何人能比企业家本人更加了解这家公司的产品和理念。

不可否认,企业家亲自代言可以节约企业成本。有人可能就会说,这样的企业太抠了。但我认为这不是抠,而是一种承诺,将个人和品牌捆绑在一起后,能够更好地体现对用户的担当。简单地说,公司和品牌是企业家个人意志的延伸,企业家个人担任品牌形象代言人,可以把抽象的品牌转化为具象、可感知的"人"的形象,进而拉近用户与品牌的距离。

3. 如何打造老板 IP

打造老板的个人 IP 可以采取线上线下相结合的方法,线上通过企业公众号加强个人宣传,线下老板主动参加展会、论坛、内部经销商会议等大型活动,增加自己的曝光率,强化用户对老板的认知。

案 例

第一次见到张笔清老师，是在武夷山的高铁站，当时，他来接我们，他给我的第一印象是：他不可能是个商人！因为他浑身散发着一种儒雅的气质。虽然年近六旬，岁月并没有在他的脸上留下什么痕迹。

我们都知道，中国是世界红茶的故乡，因此有世界红茶看中国的说法，而中国的红茶，又数武夷山出产的为佳。你到武夷山就会发现，到处都是茶，但懂茶的人都知道，武夷山最好的产茶地在桐木关，那里拥有"鸟的天堂""蛇的王国""昆虫的世界""开启物种生物基因库的钥匙"等美誉。

在桐木关，海拔最高的村子叫麻粟，由于之前山里一直没有公路，更没有其他商业，但大自然馈赠了乡亲们满山遍野的古茶树，对于生活在这里的人来讲，手工制茶便成了唯一的经济来源。张笔清老师祖上四代在此制茶，传承着最古老的手工制茶工艺。张笔清老师告诉我，三十多年前，因为茶，他走出了大山，因为他看见乡亲们制茶太苦了，所以暗暗发下誓言，一定要考上大学，走出大山，为乡亲们找到更好的出路。那一年，捷报传来，他在乡亲们的锣鼓声中，如愿走出了大山。

如今三十年过去了，在城市里他活成自己当年梦想中的样子。三年前他再回到麻粟时，这里不变的除了如诗如画的山水，还有茶农们依然秉承着传统手工制茶工艺，坚守着的工匠精神。因为没有路，也没有推广，这些真正的野生手工好茶根本斗不过那些披着性感外衣的网红直播红茶。面对从几元一斤到几万元一斤的红茶，对于很多用户来讲，他们根本分不清到底什么才是真正的野生手工好茶，如果没有品牌，麻粟的野生手工红茶将没有出路。

三年来，张笔清老师先是修通了连接外面世界的水泥路，然后又开始和乡亲们对这里的野生古茶树进行保护，为每棵古茶树建立身份信息，并分配保护责任人，这大大保障了古茶树的品质，同时和乡亲们成立联盟合作社，把这些顶级好茶分享给懂茶的朋友，让更多远方的朋友，因为茶，慕名探索麻粟，享受麻粟，再把麻粟的美和麻粟的茶分享给更多的朋友。因为张笔清老师，我们才知道了这个关于红茶的故事。人们在品茶时，关于张笔清老师的故事，自然成了品牌传播的理由。

今天，当你从社交媒体或者其他渠道再看到张笔清老师时，他不仅已经是世界红茶技艺的传承人，而且已经成了麻粟正山红的最佳代言人。

张笔清老师的故事讲完了，但麻粟正山红的商业帝国才刚刚建立。打造老板个人IP，是这个时代每个企业都应该思考的问题。你学会了吗？

五、产品品牌发布

发布会是品牌推出并告知天下的重要手段，新品的推出，品牌的新动向等大事件都少不了通过发布会这个渠道向大众宣告。苹果公司的发布会大家应该看过不少了，每年苹果公司举办新品发布会的时候，不少果粉都会熬夜看直播，就是为了第一时间知道苹果又推出什么新产品。可见开好一场发布会也是能为品牌赢得无限商机的。但是很多企业在举办发布会时可能会陷入主题不合适、邀请人群不对称等误区。其实这是前期没有做好准备工作导致的问题。 那么，组织一场发布会涉及哪些工作呢？

1. 确定目的 & 制定流程

举办发布会最关键就是要确定目的。为什么要举办发布会？希望通过发布会达到什么目标？对于企业来说，最常见的就是产品或品牌发布会，其目的非常明确，就是向全社会公布自己的新产品、新品牌，让人们关注。明确了自己的目的后，继而根据目的确定恰当的主题，你的受众和地点自然也能筛选出来了。

　　然后是根据目的制定流程。一个常规的发布会通常有以下几个环节：嘉宾签到、媒体签到、主持人开场、产品/品牌介绍及讲解、嘉宾或媒体答问环节等。根据企业需求还可以增设现场演示环节、现场交易环节，甚至邀请重量级嘉宾站台等。一个发布会就像一套排列好的多米诺骨牌，一旦开始了就不能停止，所以流程要尽量连贯、完整，以便最大限度地发挥发布会的价值。即便遇到会场临时停电、话筒没声音、画面切换无反应等问题，也要保持冷静，越是有突发状况，越要淡定，不然台下观众都会受影响。

2. 立体式分工

　　发布会不像展会那样跟别的企业或品牌放在一起，导致客户的记忆点比较分散，发布会是企业单独去举办，办得好不好直接影响客户对企业的印象。一个好的发布会是展示公司实力，提升企业和产品知名度的机会。而一个成功的产品发布会，则需要各个部门的配合，场地租赁、场地布置、邀请主持人、嘉宾接送、媒体接待、产品讲解等每一个环节都需要专门的人去负责和对接。

　　基于流程，我们通常可以分为以下组别：物资组、嘉宾组、媒体组、产品组、营销组。

物资组

物资组负责整个发布会需要用到的所有物品，包括会场的布置、招待用的食物饮品、嘉宾的标识用品等。定好流程之后可以根据流程列一张详细的物资清单，有了清单就能一目了然，也方便采购。

嘉宾组

嘉宾组是负责"拉人"的小组，嘉宾组专门负责邀请和联系嘉宾客户。同样地，嘉宾组也需要列出清单，嘉宾邀请谁，是属于哪种类型的客户，是否需要接送等，备注好相关信息，这样在安排座位和安排人员接待的时候就不会乱了。

媒体组

媒体组也需要把拟邀请的媒体罗列出来，纸媒有哪些，电台、电视媒体有哪些，线上媒体又有哪些，这样后期收集宣传资料的时候就能根据平台快速寻找。媒体组还有一个很重要的工作，就是准备新闻通稿。新闻通稿可以帮助企业统一对外宣传的口径，帮助媒体快速了解发布会的内容，找到撰写新闻报道的重点。很多媒体都是在新闻通稿的基础上加上自己对发布会的亮点捕捉和人物采访，然后形成一篇新的文稿，有的媒体甚至直接就用企业提供的新闻通稿，所以准备一篇内容清晰又简明扼要的新闻通稿是媒体组非常重要的工作之一。

产品组

产品组负责产品的展示，比如在会场左右两边放置核心产品，让嘉宾随时能看到，在会场后方设置产品体验区，让嘉宾在听过讲解后还可以亲身体验。除此之外，易拉宝、展架等道具是必不可少的，通过摆设这些宣传海报，强化嘉宾对产品的印象，让人们记住你的产品。

营销组

这个小组的责任相当重大，他们可能是嘉宾第一个接触到的人，也就是说嘉宾会通过他们来建立对企业的印象。通常嘉宾组在发出邀约之后，会将确定出席的嘉宾归类然后分配给不同的营销人员，这就意味着从开始到结束都将由这个营销人员负责对应的嘉宾，如果是比较大型的发布会，有外地前来的嘉宾，营销人员与嘉宾的关系建立从接机或接站就开始了，包括会后的吃饭、住宿都会由这个营销人员负责，因此嘉宾对他的信任度是最高的，业务的成功率也跟这个营销人员的表现紧密相关。这意味着营销人员必须要有非常高的素质，既要会营销还要会做接待。在发布会现场，营销人员的应变能力也要非常强。 如果你留意过你参加过的发布会，可以看到有的发布会是圆桌式的，有的是课桌式的，但不论什么形式，几个桌子之间或附近肯定有一个营销人员，而那几张桌子基本都是他负责的营销范围。这些营销人员留在附近的作用是快速响应嘉宾的需求，为嘉宾答疑解惑，这样做也可以展示出企业专业、负责的形象。

关于嘉宾接待还有个小技巧，如果你有留意，可能会发现有的发布会会给嘉宾发不同的 T 恤或者一些小配件让嘉宾穿戴在身上，这是为了给客户做分类，也是方便营销人员辨认不同类别的客户。

如果现场还有成交环节，还需要安排财务组准备专业设备如刷卡机、发票机，以便在现场收费、开发票等。

做好了以上的分工，就只需要找个既专业又能带动气氛的主持人，将整个流程顺利流畅地串联起来。

案 例

发布会是什么？

发布会就是组织优势兵力打一场降维打击的歼灭战。

我们把发布会分两种：一种是只证明产品是个好产品的产品发布会，另一种是除了证明产品是个好产品，还要证明这个好产品能疯卖的招商会。

2010 年，爱国者举办了哥窑相机的发布会。那次发布会就属于后者——招商会。我们把一天的会议分为了上下两个半场，上午的所有环节都只在证明一件事：哥窑相机是个好产品，下午做的一切都是在证明这个产品很赚钱。

上半场，我在前面品牌故事的案例里讲到过，这里我重点说下半场的招商环节。通过一个上午的会议，现场的80多名全国省级意向代理商已经深信这个产品是个具备疯卖特质的产品，并交了这个100万元的代理费，但他们回去如何实现疯卖呢？

我们的模式分两步：

第一，回到代理市场后把下面所有的经销商都召集起来，我们"强龙"再加"地头蛇"，组织优势兵力打一场降维打击的歼灭战。每个省级代理商在他的区域市场里面都有规模为数百人的经销商团队，每个经销商承担十万元的销售额，这个区域市场就很容易实现过千万元的销售额。这样理解，这个100万元的代理费根本不是问题。

第二，等产品通过渠道下沉到终端后，我们再用消费广告实现动销。拿货价上千元的电子产品，十万元根本没有多少货，不足100台，照这样计算，每个经销商订的十万元的货根本就不够卖，就更不会有什么压力了。

如果每个省和特级城市都能做到过千万元的销售额，那这款相机就有机会在一开盘，就能实现两亿元以上的销售额。当我把这个道理讲清楚后，现场推出了抢地盘式的招商促销，现场的80多位省级意向代理商中，注定只有30位左右可以获得这个跟当时国内最大的电子数码品牌合作的机会，一旦跟我们合作，我们将带着我们的产品和团队去你的市场帮你实现疯卖，这是"胡萝卜"；但是，如果跟我们合作的是你的竞争对手，那么，我们也将同样和他一起，去到当地市场同你打这场歼灭战。要知道，同一个区域市场里的很多经销商客户都是重叠的，帮助合作者碾压他的竞争对手，这是"大棒"……

总结：招商会现场不光要证明产品是个好产品，还要证明你已经有了一套赚钱的模式。在即将成交的关键节点，你不光要说合作的好处（胡萝卜），还要说不合作的损失（大棒），因为客户有时比起关心自己的收益更关心"隔壁老王"（竞争对手）的收益。

第二步

产品策略决策

产品是基础，策略是关键。如果没有好的产品策略，产品最终还是不能成为企业价值增长的引擎。选对产品策略，才能够卖好你的产品。

一、找到你的用户

用户与品牌的关系就跟男女相亲一样，通过相亲认识的男女要走到一起一般需要经过什么过程？是不是要经历相识、相处、了解、约会，最后才是结婚？用户与品牌也要先从没关系建立起弱关系，然后一步一步加强成强关系，最后培养起用户的忠诚度。品牌找用户，就是让用户与产品建立关系，从没关系走向弱关系，从弱关系变成强关系。

1. 找到突破口

通常品牌或产品的定位和属性会对目标用户有所限定，但当用户的购买力和市场已经接近饱和时，品牌就不得不跳出原有目标群体，寻找新用户。老品牌需要不断吸纳新用户来保持它的销售增长，新品牌面对已经被市场瓜分完的用户群体需要找到突破口，这时可能就要考虑寻找新用户。

网易严选和拼多多是近年新兴的电商平台。网易严选以"好的生活，没那么贵"为品牌理念，在国内开创了ODM（原始设计制造商）电商模式，通过砍掉高昂品牌溢价，挤掉广告公关的成本，剔除中间环节，摒弃传统的销售模式，使价格回归理性，为用户提供物超所值的产品。采购人员深入各个原材料的核心产区，从原料的选择到产品的设计、打样全程都与制造商保持密切沟通，从根本上保证产品质量。也就是说，网易严选主打的是高性价比的品质消费。而相较之下拼多多"拼得多，省得多"的口号，则透露出更强的低价导向，主打价格远远大于品质，在大众中的口碑也较为一般。但就是这样两个看似南辕北辙互不相干的品牌，也有了"商业联姻"。在拼多多的"品牌馆"版块里，赫然出现了网易严选的身影。

很多人问网易严选是不是有点"自降身价"了。但是如果我们深入研究分析网易严选这个品牌，不难发现，网易严选与拼多多有相似之处：一是品牌导向，二是价格导向。网易严选的迅速崛起，很大一部分应归功于它的宣传，网易严选的很多产品都宣称"由×××品牌代工厂制造"，这种招数对消费者的影响非常明显——相似的款式，一样的品质，价格却低了不少，消费者的购买欲就会被激发。举个例子，一套纯棉格子的床上三件套在无印良品售价为590元，在网易严选，拥有类似设计风格、同样主打纯棉水洗工艺的四件套床品售价仅为 299 元。更重要的是，网易严选产品宣称是无印良品的制造商生产的，"采用同样材质，来自同样制造商"。这个卖点对于相当一部分消费者来说是相当有诱惑力的，既能买到跟大品牌一样的高质产品，又能享受相对合理的价格，何乐而不为呢？从拼多多上充斥着各大品牌的仿制货来看这一点是相似的，之所以仿制不就是为了满足消费者想买大牌又买不起或想花更少钱的心理吗？ 所以网易严选在拼多多里是以"品牌馆"的姿态出现的，让人对它的价格的接受度提高不少，对它的产品的好感度增加不少。

网易严选入驻拼多多给我们的启示是，那些看似不是你的目标用户的群体，有时候可能就是你的品牌的突破点。如果按照网易严选的定位，它的目标用户大部分是来自一二三线城市的年轻的白领，而拼多多更多是瞄准三四线城市甚至是农村用户群体，但这并不影响拼多多的用户也成为网易严选的用户，关键是找到击中他们心理的切入点。

如果原有的用户群体可获取的利益空间很小，不妨捡起我们曾经忽视的、否定的群体，找到与他们的链接点，说不定就能为品牌创造新的利润增长点。就像一直以来化妆品默认是为女性而生产的产品，但是很多美妆品牌也开始涉猎男性市场，结果还很有市场，不是吗？

案 例

互联网鲜花 B2C 品牌"花点时间"，通过花点时间的公众号提供"预购＋周期购"的"每周一花"模式，每周为用户提供一束不同主题的鲜花送到家或办公室。在 2015 年以前，花的得到者基本上都是女性，订花的用户基本上是送礼物的男性。于是花点时间就把以前男性买花送给女性这个场景，变成女生买花给自己，从悦人到悦己，从而确立了自己的目标用户。它切入女性用户的方式是用社交媒体做话题。最开始，花点时间选择在一些女性论坛发表具有争议性的话题，比如女性可不可以给自己送花。在话题的讨论中，有人觉得女性漂亮衣服能自己买、汽车能自己买、房子也能自己买，鲜花有什么不能自己买的？花点时间创始人朱月怡表示，让用户先说出这句话，再推出这个产品，通过这样的测试，就会精准地找到用户。

2. 教育市场

小米手机现在很有名了，但是小米并不是一开始就做手机，而是做小米社区。在这个社区里，聚集了一批手机发烧友，在不断的互动讨论中，社区做出了一个基于安卓深度定制的 MIUI 系统。这个过程的主导者黎万强在《参与感：小米口碑营销内部手册》这本书里很详细地介绍了他们每个星期都迭代一版系统，强制性地每周发新版的情况。甚至如果某个版本采纳了某个网友的意见，还会专门跟这个网友讲："你上次提的意见，我们新版已经采纳了。"这个网友就很有参与感，于是就诞生了第一批铁粉。小米就是用这样的方式聚集用户，和用户互动，先把用户装进来，让用户有高度的参与感和认同感，后面再推出手机，这样既满足了用户的需求，又培养了种子用户。

大部分传统厂商都是先做硬件，生产手机，通过各种渠道去投广告，然后再找用户促成购买，这样会产生大量的广告费用，可能还达不到理想的营销效果。

小米却是先有了软件生态＋用户群，后续沿着用户的生活方式进行业务延伸，进行硬件的扩展：小米手机、小米盒子、小米路由器、小米电视……硬件的更替可能很快，但是一旦把用户群绑定在自家的服务上了，根本不必害怕潮流变化。小米社区是企业的核心销售渠道，忠实粉丝就是最可靠的品牌推销员，可以大幅度降低了广告费用，加上用户可提前预订产品，企业根据订单生产产品，避免了库存积压。

小米的发展之路，是先建立起自己的新媒体平台，利用新媒体传播一些用户关心的东西，让用户产生兴趣，感觉到有价值，再慢慢产生好感，最后对这个平台产生完全的信赖和高度的使用频率，这之后的营销就是水到渠成的事情了。这是一个教育市场的过程。

　　而且这个新媒体平台还是一个去中心化的平台。这就跟男女相亲一样，如果都是在强调自己有多好，对方会感兴趣吗？不会，但是如果聊的是对方关心的问题，这样的对话才有价值，对方也才愿意聊下去，两人才有发展下去的可能性。过去新品牌满大街打广告、做招商，都是宣传自己的东西有多好，但用户可能根本就不知道这个品牌，对这个品牌毫无了解，再好都是我们在说，用户无法产生认同感。而去中心化的新媒体就是完全从用户的需求出发，讲用户想听的，传播用户想看的。

　　因此，品牌要想找到用户，首先要建立起关系，而在互联网的时代，新媒体是一个能迅速到达用户的路径，为企业搭建起连接品牌与用户的桥梁。

案 例

　　知识付费 App "得到"，或许叫 "罗辑思维" 更贴切，因为 "得到" 是从 "罗辑思维" 衍生出来的产品。2012 年传媒人罗振宇创立了自己的一档知识类脱口秀视频节目 "罗辑思维"，主打知识型内容输出，讲的是各种商业现象、社会问题等，吸引了大批粉丝。他还同步创立了 "罗辑思维" 微信公众号，趁着公众号的兴起，迅速建立起自己的一方领地，让这些粉丝们有了聚集之地。现在公众号还始终保持每天以 60 秒语音的形式，固定在每天早上 6 点 20 分左右推送。培养了用户的共同习惯，进一步固化用户的"自己人效应"。于是当2016 年罗振宇推出"得到"App，"罗辑思维"的忠实拥护者也随之导流到这个产品里。比起当初的公众号，"得到"就是一个纯商业化的产品了，除了罗振宇自己的节目以外，其他都是不同领域专家的付费节目。罗振宇就是靠着这样的一套先建立弱关系、教育市场，然后引导用户对新产品进行消费的缜密的"罗辑思维"，做到了 70 亿元的估值。

二、找到你的市场

产品要卖得好，不只要找准用户，还要找准市场，市场是增量的还是存量的，决定了你的销量能有多高，品牌能走多远。下面我们可以以 vivo 和 OPPO 这两个手机品牌为例，学习如何找到自己的市场。

赛诺发布的中国智能手机市场 2018 年第三季度的销量数据显示，2018 年第三季度 vivo 手机销量为 2062 万部，市场份额为 19.2%，排名第二，仅次于华为；OPPO 手机销量 2058 万部，市场份额为 19.1%，排名第三，而曾经的手机老大苹果市场份额跌到只有 9.8%。这样的数据让人惊讶，因为我们熟悉的人群里普遍使用的手机不是苹果就是华为，几乎没看见有人使用 vivo 或 OPPO。但是早在 2017 年，vivo 和 OPPO 就已位居国内手机销量榜的前三名，第一名是华为，市场份额 23%，第二名是 OPPO，市场份额 17%，第三名是 vivo，市场份额 16%。

提起 vivo 和 OPPO，大家都会想起它们犹如孪生兄弟般的店面，一蓝一绿，相伴而生，几乎有 OPPO 的地方相隔不远就会有一家 vivo，那么，OPPO 和 vivo 是怎么在不知不觉中占据如此高的市场份额的？

1. 战略布局

第一个方面是 vivo 和 OPPO 的战略布局，从企业的战略布局来看，vivo 和 OPPO 打的是三四线城市的战场，在不少三四线城市的城镇、县城、甚至村庄都可以看到他们的身影，这也是 vivo 和 OPPO 悄然崛起的关键原因。为什么选择三四线城市呢？

一是市场大，在我国 960 万平方公里的土地上，分布着包括北上广深等一线城市、省会城市、地级城市共 368 个城市，其中80% 左右是三四线城市，这是一个巨大的消费市场。二是人口基数大、人口回流。中国人口有将近 14 亿，虽然每年都有不少三四线城市的年轻人外出打拼，但是三四线城市的人口

疯卖
如何让你的产品、品牌和观念飞速传播

基数仍占多数。如今在一二线城市房价高，生活成本高，导致不少外出打拼人群不堪重负而回归三四线城市。三是品牌原生化，这部分三四线城市特别是下面的县城、村庄等地区，仍然存在着接收的信息不对称和依赖传统媒体的情况，在一二线城市的品牌和资本很少会深入他们生活之中，导致他们对这些一二线的品牌缺乏认知。因此，在这种环境下，谁开的店越多，最为群众所知，他们就会选择谁。

2. 营销策略

第二个方面是 vivo 和 OPPO 的营销策略。围绕着打三四线城市的战略布局，vivo 和 OPPO 采取了深度营销的方式。这是一种相对传统的营销模式，常规的做法是先在一个地方精耕细作，集中优势资源突破之后，进行滚动式复制，然后点成线、线成面，逐渐获得市场竞争优势。就像我们开头说的农村包围城市战略，这种战略强调的是渠道和终端。简单理解，渠道就是代理商，终端就是门店。通过多地的代理商发展多家门店，在三四线城市、县城、乡镇、村庄等地方深耕细作。因此你会在很多小地方都能看到 vivo 和 OPPO 门店，甚至在一条几百米长的街上甚至可以见到三四家 vivo 或 OPPO 门店。

这样做的好处是方便建立品牌印象，巩固认知。vivo 和 OPPO 把门店开在群众家门口，开在他们常接触的地方，群众会因此最先对这两个品牌产生认知，像我们前面说的，有些地区由于信息传播还存在不对称的情况，部分群体依然会比较依赖传统媒体和门店。而一些在该环境影响下成长的高中生、大学生等年轻人，就算日后走出三四线城市，去一二线城市拼搏，也会因为既有认知而选择该品牌。

3. 品牌推广策略

第三个方面是根据战略布局和营销模式，vivo 和 OPPO 设计了一套相应的品牌推广策略。面对这些三四线城市的城镇青年，vivo 和 OPPO 毫不吝啬地赞助电视上的各种年轻化的综艺节目，比如"快乐大本营""我是歌手"等，每次看这些节目，频频出现的 Logo，主持人一遍又一遍重复的"由 vivo/OPPO 独家冠名播出"的广告语，都不断加深着观众的印象。两个品牌还紧跟市场潮流变化，广泛利用高流量明星资源，从早年爆红的韩国明星宋仲基到第一代国产流量明星鹿晗，再到如今的流量担当蔡徐坤，谁红就找谁代言。迅速而强势的广告策略，给品牌带来了持续不断的大量曝光度和粉丝的簇拥。对于仍以传统媒体接收信息为主导的三四线城市乃至城镇、乡村来说，电视投放加明星效应不失为一个精准接触消费人群的做法。

综合以上三点，我们可以清晰地看到 vivo 和 OPPO 有着一套非常精妙的"农村包围城市"的策略，从战略布局到营销模式到推广策略，环环相扣，进而走出一条具有中国特色的品牌营销路，为 vivo 和 OPPO 打下了国内手机市场的半壁江山。可能你会说，vivo 和 OPPO 已经是十几年的老品牌，今天的成绩是长期累积的成功，并不能证明三四线市场的广阔。然而，你可不能忘了同样主攻三四线城市、只花了三年时间就上市的拼多多，虽然是互联网品牌，但拼多多在电视上的广告投放和赞助的综艺节目一点也不少，比如老少皆宜的"非诚勿扰""极限挑战"等综艺节目。

总结来说，第一，随着一二线城市的逐渐饱和，品牌想异军突起可以考虑下沉三四线城市挖掘潜在市场；第二，你的营销模式和传播策略要紧靠你的市场、你的受众，形成一套完整的战略。 都说传统媒体在日渐衰落，但也许传统媒体就适合三四线城市，所以关键是要形成体系，对症下药。

三、市场测试

找到用户和市场是否就可以大规模投入生产了呢？其实不然，因为你还无法确定市场对你的产品的接受度，以及它在用户中的受欢迎程度。如果这时候贸然大规模生产，很可能面临人财两空的局面。这时候就需要做一个市场测试，去验证你的产品的需求度和定价等是否符合市场预期。线上众筹是一个比较科学而且低成本的做法。

1. 线上众筹的好处

我通过一个例子给大家普及一下众筹的好处。

2014 年我们在浙江接触了一位老板，他是温州乐清人。从事电器行业的朋友们应该都知道乐清这个地方产业链的发达程度，很小的一个镇出了好几家知名的上市企业，比如大家熟知的正泰、德力西等。改革开放以后，消费者对电器类产品的需求相当旺盛，乐清当地基本家家户户都在做电器类的配套产品。

这个老板在当地有个工厂，也趁着这波强劲内需风，赚了钱。而这么多年下来，内需基本饱和，很多传统代加工工厂陆续倒闭，他当初也处在这个被淘汰的困境中。值得庆幸的是他早就在这方面做好了准备，因为早年他在国外接触到了一种叫中央吸尘器的产品，不需要像传统吸尘器那样拖拽着设备连着电源进行操作，这种产品在每一个房间都会预设相应的管道接口，使用时只需要把吸尘设备连接好就可以进行操作，不用搬上搬下，或者每个房间到处拖动。当时这个产品在国外售价折合成人民币大概两万元。这个价格如果想在我国普及确实存在一定难度，并且在功能方面还有一些优化的空间。

于是这个老板花了一年半时间进行了产品研发，首版样品生产，测试使用再改进等工作。终于使产品达到了他想要的状态，并且在终端售价方面可以做到 6000 元左右。这个价格在这位老板看来还是比较合理的，他认为一年多的努力应该可以有回报了。遗憾的是他尝试着去市场推广了一段时间，却没有得到认可，就连最好的几个朋友也不愿意使用。他很困惑，但是不知道问题出在哪里，最终他联系到我们进行了探讨。

当时我们的做法是直接安排了几个同事，花了一个星期的时间对家电行业的上游和我们过去服务过的一些用户社群做了一些调研分析，调研里有一项是填写建议，有几个回复特别搞笑，概括起来意思差不多，就是：我家不是别墅，用不上！

看似一句玩笑话，却说出了大玄机。我们继续对美国的居住环境和电器需求进行调查，发现在美国居民住房中别墅占比大约为 80%，并且美国家庭多数都有地毯，这样用到吸尘器的比例跟活动效率的要求都比较高，中央吸尘器自然有一定市场。而在中国，别墅占比就非常低，地毯的使用就更少了，普通吸尘器的消费动力都不强劲，更谈不上中央吸尘器了。

因此当我们拿着这些回复和数据给这位老板看的时候，他一下子就明白了问题所在。他的问题就出在产品开发脱离了消费者诉求，或者说没有足够的市场反馈来供他参考，才造成花了这么长时间做了个我们称之为满足伪需求的产品的局面。

对于很多企业来说，他们没有这么多市场调研人员，或者虽然有，如今市场变化太快，即使现在调研好，产品做下去也有一定的风险在里面。如果要得到市场反馈，是不是得小批量生产一些货去铺市场呢？如果市场铺得差不多，等到有一些反馈结果时，却发现已经有竞争对手了呢？这些问题大部分企业都面对过，因此才更需要一个科学的方法去做市场测试，也就是线上众筹。

简单来说，就是只要你有一个产品，甚至你可能还没有一个成型的产品，但你有一个好的想法，就可以通过详情页，即涵盖产品介绍、产品功能、应用场景、技术专利等信息的图文，把你的产品或想法说清楚，选择一个合适的众筹平台放上去，然后设定一个价格区间和众筹期限，看看有多少人对产品感兴趣，有多少人愿意花钱体验这个产品。如果有支持者为你的产品买单，你再去生产。也就是说众筹实现的是"零库存销售"。比起小批量生产、铺货这种漫长又高投入的做法，众筹除去产品创意和产品包装所花费的时间，只要三五个月就能得到有效的反馈，投入还很小。传统经营时代做产品存在太多不可控的因素，但如今不一样了，运用"线上众筹"能够为企业规避很多未知的风险。

2. 众筹平台筛选

2015—2016 年，是整个中国众筹平台最火爆的时候，资本大量涌入，虽然后来潮水退去，但是这个过程也扶持出了大批优质的项目和好的产品。时至今日众筹平台已经比比皆是，既为企业提供了多种多样的选择，也让企业产生了选择困难。前面我说要选择合适的平台，就是适合你的产品需求的平台。比如国内目前有三个众筹平台运营得比较成熟，也有比较多消费者关注，分别是京东众筹、淘宝众筹以及苏宁众筹，这三个平台各有自己的特点，也各有自己的门槛。

相对其他的众筹平台，京东众筹的项目筛选标准较为严格，结合京东本身 3C 优势、侧重 3C 项目，智能硬件是其优势产品。淘宝众筹的门槛也比较高，但是对于主打情怀的产品通过速度还是比较快的，比如银饰、农产品等，但对于美工设计的要求就比较高了。相比之下苏宁众筹的门槛是最低的，包容度也比较高，但是流量相比前面两家少一些。

随着众筹越来越被熟知，众筹平台的审核越来越严格，这就要求企业必须做好市场前期的调研，然后专心地把首版样品生产出来。这样申报众筹的成功率会高些。同样，能通过众筹的产品肯定不能是市场上已经存在的同样形态、同样功能的产品。因为众筹平台的初衷，旨在扶持具备产品创新能力的团队，在资金不充足的情况下，借用平台的影响力提前获取支持者的资金来生产产品，并最终把产品回馈给支持者。如果你自己有创新产品，那么你就有可能在不占用流动资金的情况下进行众筹申报，并且通过平台获取支持这款创新产品的费用进行产品的生产，再把产品发送到消费者手上，这样一方面缓解了你的资金压力；另一方面可以提前就产品获得市场反馈，包括产品的规格、颜色、价格等。　比较精准的反馈将大大地优化生产效率和成本库存控制。

如果产品有足够的优势，且对用户有非常大的帮助，能真正地帮助用户解决一些问题，或者具备一些功能上的亮点，众筹不仅能解决上面提到的问题，还可以帮你在互联网平台进行曝光，增加你的产品曝光量，不排除会有相应的经销商来主动联系你洽谈合作。

四、大单品策略

心理学上有一个经典的"果酱实验"。斯坦福大学的研究员希娜·艾扬格，为了了解人们如何做出选择，她以当地杂货店作为实验地点，在实验中，艾扬格的助理假扮成果酱供应商，在美食店里摆放了两个试吃的摊位。

　　其中一个试吃摊位有 6 种口味可供选择；另一个摊位有 24 种口味可供选择。在两个试吃摊位上，顾客品尝后都会拿到优惠券，可以用来以折扣价买一瓶果酱。结果显示：在有 24 种口味的摊位前购买果酱的人却相对少了许多。虽然顾客一窝蜂地挤在摊位前试吃，但大多数人却因为口味太多而无从选择，干脆一瓶都不买，最后只有 3% 的人买了果酱；而在有 6 种口味的摊位前试吃的人，相比之下更能决定自己适合哪种口味，约有 30% 的人最后买了果酱。这个实验结果说明：提供过多款式的产品供消费者选择并不利于促进消费者购买；相反，提供相对较少的产品款式供选择，反而有利于消费者快速决策，进而促成消费者的购买行为。

　　因此，如果目前你只有一种单品，也许并非是一件坏事。

1. 大单品策略

　　大单品策略，就是找准用户需求点，直接切入，研发出足够好的产品，集中所有精力和资源，在这一款产品上取得单点突破。

　　为什么要做大单品？

　　我们正处于一个信息爆炸的时代，而不是在过去物资匮乏的年代，在那个年代，消费者通过做物质加法来满足生理和心理需求，比如为家里添置大冰箱，买好电视机，配全能洗衣机，再买辆有档次的车等，从一无所有的状态到"全副武装"的过程，确实能给人幸福的感觉。但在物质产品丰富的今天，通过物质的方法很难再刺激我们的感官，获得长久的满足感。反而，在这个看似什么都不缺的年代，经济的快速发展加重了不少人内心的压力和焦虑，很多更提倡一种极简主义的生活，这种生活方式就和日本流行的"断舍离文化"有异曲同工之妙，就是把那些"不必需、不合适、令人不舒适"的东西统统断绝、舍弃，并切断对它们的眷恋，化繁为简。因此，消费者并不愿意在购买产品的时候进行太多思考，而是更喜欢做物质减法，获得人性化、轻松愉悦的生活方式。

因此，经营者要时刻观察社会大环境和消费者的心理变化，并通过研判这些变化采取适合当下的经营对策。以前消费者都是先去一个餐馆，然后对照菜单再选择自己吃什么。这样一来消费者吃什么是由卖家提供的菜单决定，那么选择越多自然就越能迎合顾客的喜好。但是，在现在这个信息爆炸的时代，一说到吃饭，消费者往往会先选定菜品或品类，拿起手机，翻看各类点评网站，再决定去哪家店。这就从之前的"去哪儿吃什么"，变成了如今的"吃什么去哪儿"。风靡市场的烤鱼店就很好地验证了这一点。近年来，以烤鱼为产品的"探鱼""鱼太"等品牌餐饮店如雨后春笋般出现在各大城市，深受消费者喜爱。还有在俄罗斯世界杯期间销售额暴涨的小龙虾等，都说明了要想突出重围，就要懂得聚焦一个方向，打造单一产品，甚至在单品上倾注更多心血做成爆品，这才是当下企业在激烈的市场中获得一席之地的最优解。

在这个提倡"小而美"的时代，聚焦更有利于效率的提高，更利于把一件事做精。若在产品各方面都能实现专一，就很容易成为某个品类的"专家"，从而打造出爆品，成为镇店之宝。毋庸置疑，拥有一个镇店之宝往往比拥有上百种普通产品的收获更大。它能迅速帮你吸引消费者的眼球，形成口碑传播，让更多的消费者慕名而来，与此同时，也让消费者对你的店产生消费认知，就像喝咖啡就想到星巴克，吃比萨就想到必胜客一样。因此在聚焦打造单一产品的同时也是强化你的产品在消费者心里的认知的过程。

大单品策略有什么好处？

在相对成熟的行业，企业之所以强，首先是强在产品上；企业之所以弱，也首先是弱在产品上。没有强势的大单品，就谈不上强势品牌。只有产品，才是企业经营的核心，也只有大单品，才是突破市场的最佳利器。做企业品牌不如做产品品牌，做万种产品不如做大单品。

但是很多企业都不能理解这个道理，它们为了迎合市场做出了很多产品，结果就是产品一大堆，叫得响的产品却没有一个，品牌也没有被消费者记住。

而如果实行大单品策略，无论研发层面，还是营销或运营层面都将变得简单。

研发层面

从研发层面来看，如果把研发精力都集中在一种产品上，可以让产品的升级换代得更快，也就不用担心被人模仿抄袭了。在竞争对手抄袭我们的时候，我们先"自己革自己的命"，主动用新品去迭代自己的旧产品。

营销层面

从营销层面来说，大单品的合作空间更大。以往受限于多种产品要开专卖店，别人想合作也要整店输出，产品沉重，费用高昂，让人望而却步，现在只有一款单品，营销模式就变得多样了。我们可以塑造成爆品直接打 C 端，通过以旧换新或智能升级的方式吸引 C 端用户；同时我们也可以打 B 端，通过展会等方式去寻找合作商，定制合作等。如此一来，宣传推广上也可以同时打 C 端和 B 端，一次性解决两端的问题。

运营层面

从运营层面来说，团队不需要那么庞大了，企业的开支会减少，响应速度也会加快。大公司为什么普遍效率低，是因为部门多，策划个什么事情都要层层推进，像天猫策划一场

"双十一"活动，绝对是年初甚至更早就开始策划了。但如果我们做大单品，精力集中，团队就更加精锐，市场上有什么新动态，用户有什么变化都能马上响应，从而领先竞争对手抢占市场。

大单品策略同样适用于已经具备成型的产品系列的品牌或企业。过去选择没那么多，品牌没那么多，一旦用户与品牌建立了关系，就会对品牌保持一定的忠诚度，甚至可能自己需要的东西都能在同一个品牌里买了，这是基于彼此是强关系的状态下。今天用户的选择变多，用户与品牌的关系就变弱了，他们不会只关注某个品牌，而是关注某个单品能否解决自己的问题。只要合适，甚至不在乎是什么品牌，在这样的弱关系下，单品才是抓取用户的关键。

2. 爆品策略

什么是爆品？简单来说，就是单品绝杀，用一款产品就可以闯天下，最典型的例子就是类似苹果和小米，将一款产品做到极致，引爆市场，打响品牌，吸引无数粉丝追捧。

爆品基因

为什么苹果、小米能做成爆品呢？我们用一个互联网的词语来形容，就是拥有爆品的基因。这些基因具体表现在三个方面。

做到极致

这是一款做到极致的单品。这个极致可以有很多层面，比如价格层面的，比如功能层面的，最早期的苹果手机就是从功能到外观都做到极致的一款爆品。论功能，它超越了曾经的手机霸主诺基亚，论时尚，它的款式至今被国内手机品牌效仿。因此尽管苹果手机在中国的售价有点高，依然在中国一炮而红。时至今日，虽然国内手机品牌纷纷崛起，苹果在经过CEO 的变更后也在各方面有所下滑，却依然有一群忠心耿耿的"果粉"追随苹果，跟当年那款做到极致的爆品离不开关系。

国外有苹果，国内有小米。作为国内手机品牌的黑马，小米的崛起同样得力于早期的那款爆品。小米做爆品的一个最大杀招就是性能高一倍，价格砍一半。

为了砍价格，雷军砍掉了一切渠道环节，直接面对用户。这样可以砍掉30%的成本。为了砍价格，雷军甚至砍掉了营销成本，通过互联网卖手机，不靠线下渠道。这一来成本又砍掉了10%。可以说，小米在价格层面做到了极致。"低价高配"，让小米迅速在市场中被引爆，引发购买狂潮。

专注用户痛点

这是一款专注用户痛点的产品。找出用户痛点是打造爆款的前提，不管你的产品多有情怀，做工多精致，功能多强大，如果用户不需要，或者说需求没有那么迫切，一切都是徒劳。

有使用场景

这是一款有使用场景的产品。人类正常的判断都是需要理由支撑的，当某一个需求产生时，人们会在潜意识里把这种需求分成几个维度加以描述。有些维度很抽象，比如舒适感，满足感，品位，有些维度则非常具体，比如说数据，时间节点等。有些维度则是感性的，比如爱国情怀、乡土情怀等。网红奶茶店为什么开一间火一间，往往击中的不是人们的理性需求，而是那种想要展示品位，想要追求"同款"的感性需求。大家都在幻想能在网红店里手捧网红茶自拍一张，然后发个朋友圈说一句"下午好时光"。所以有时候，网红奶茶店也是一种爆品，不是因为它的奶茶、水果茶有多好喝，而是它给了用户一个场景，让他们为这个场景而消费。

既能击中用户的痛点，又有充分的想象空间，满足各种使用场景，并且将某一个层面做到极致，就具备了成为爆品的基因。

如何打造爆品？

打造使用场景

爆品的其中一个基因是有使用场景，也就是通过场景能让用户产生消费的欲望。调味品的广告为什么总是温馨的一家人出现在厨房和餐桌上？德芙的广告为什么总是一对男女含情脉脉？因为他们都在创造用户使用场景。产品时代，消费者更愿意购买的是产品的功能，更多强调的是产品的物质属性、功能利益；娱乐时代，消费者更愿意购买的是体验，是娱乐，对产品的功能利益诉求就不会排在第一位。互联网时代，用户大多是 80 后、90 后，他们没有耐性去听冗杂的功能阐述，他们比较感性，不容易被理性的条件所影响，但很可能被感性的色彩或口号所征服。因此，比起强调理性层面的需求，场景式的展现更能得到消费者的青睐。爆品的打造就需要这样的场景式营销。

举个例子。一位女士去买衣服，发现一条非常好看的裙子，然后就买了。但是她买这条裙子绝不仅仅是因为好看，而是因为她脑海中已经有穿这条裙子的场景，她可能穿给男朋友看，也可能是为了参加宴会，或者是在上班的时候穿。她买的不仅仅是裙子本身，而是附加在裙子上面的情绪、场景、价值。如果这条裙子穿上去没有可以使用的场合，也没法展示，那这条裙子再好看有什么用呢？

因此，把产品卖点和特色全部都融入场景里面去，打造场景差异化的核心竞争力，才是打动用户的法宝。越是详细的场景，就越容易产生画面感。用户一旦产生画面感就开始联想，很容易代入被创造的场景之中，从而产生消费冲动。

事件营销

事件营销也是近年来的营销趋势，是用于打造爆品的一大利器。所谓事件营销是指通过把握新闻规律，制造具有新闻价值的事件，并通过具体操作，让这一新闻事件得以广泛传播，从而达到良好的广告效果，这也是近年来十分常见的一种公关传播与市场推广手段。这种手段集新闻效益、广告效益、公关关系、形象传播、客户关系于一体，为新产品推介、品牌展示创造机会，建立品牌识别和品牌定位，是一种快速提升品牌知名度与美誉度的营销手段。

事件营销又可以分为借势和造势。借势界的领头羊当属杜蕾斯，无论是热点事件还是节假日，都能成功借势，相比较于造势传播，借势的成本比较低，但具有不可控性，热点的聚焦会冲淡营销效果，而且借势可遇不可求，比如2018年6月顺丰小哥徒步送快递的热点事件，是恰逢上合组织峰会在青岛召开，青岛地区禁止快递三轮车上路，大部分快递公司已进入休假模式，但顺丰坚持在青岛五区采取徒步送货的模式，因而成为话题。

相比之下造势虽然传播成本高但是可控性强，有充足的时间进行整体事件的规划，尤其是需要一炮而红的爆品。造势一个关键词就是"无中生有"，比如海尔首席执行官张瑞敏的砸冰箱事件，将质量过硬的产品和良好的服务推向社会；富亚涂料以近似荒唐的"喝涂料"事件一战成名，引领健康涂料风潮。这些都并非突发的经济新闻，而是一次精心的策划。只有事件具有轰动性，才有可能吸引媒体争相报道。当然选择事件需要把握好尺度，否则不利反害。

最后一点是传播，好的产品和好的营销离不开好的传播，尤其是在这个信息爆炸的时代，没有传播人们瞬间就忘记了。关于这一点，一方面我们建议通过自媒体（微信、微博等）与用户建立关系；另一方面利用搜索引擎营销、需求方平台（DSP）等第三代营销工具进行传播，当然传播离不开内容，这一点，同样可以多向杜蕾斯学习，一个好的文案，本身就是一个热点。此外，视频的制作成为传播的一个突出方面，在流媒体的今天，视频可以很快得到病毒式的传播，对于爆品打造以及场景式营销来说都是非常重要的手段。

那么是不是一个店就只做一种产品或者说只卖一种东西呢？当然不是。打造单一产品只是前期战略，是为了先让消费者对产品建立单一认知，再将这单一的认知慢慢拓展为多元认知。开始的时候，为消费者提供更少的选择空间，把精力聚焦在少数产品上，虽然只有几款产品，但每款都有特色，让消费者因这几款特别的产品而记住这个品牌，从而建立品牌认知，之后再推出一些相关属性的附带产品，让消费者在购买镇店之宝的同时也可以选择其他单品。如香港连锁餐饮店大家乐，就是先以被誉为"一哥"的焗猪排饭打响招牌，然后不断翻新菜品，研习西餐理念，不仅引进铁板餐、烧春鸡、海鲜餐等新菜式，还有杨枝甘露、港式奶茶、西多士等甜品，成功赢得了广大消费者的认同，成为香港家喻户晓的快餐品牌。但有一点要注意，在往多元化方向发展的同时，切记核心的产品不能丢，也就是赖以生存的镇店之宝不能丢，不能本末倒置。举个例子，奢侈品牌巴宝莉以它的防水风衣而闻名，在获得品牌认知后，再发展到从男女服饰到宠物用品无所不包。但是这一百多年以来，巴宝莉一切关键动作都以防水风衣为中心，提供了近上千种风衣款式可选，始终围绕它的核心产品做升级。

因此，前期先打造单品，形成单一认知，不断吸引新顾客；后期再多元化发展，在开拓新客之际，适当地增加相关属性的附带产品、服务并维系老顾客。与此同时，还要持续地把资源投入你的核心产品，打造成爆品，进一步得到消费群体的认可，扩大市场。

案 例

说到傻二哥，你一定会想到它的小酒花生，它是小酒花生这个细分品类的创造者，虽然公司还有几十个单品，但直到今天，它的小酒花生仍然占据了公司业绩的半壁江山。

这是一个有着近二十年历史的区域品牌，直到今天，它的大部分市场仍然是以广东及周边地区为主，作为一个区域品牌，一个单品能产生过亿的销量，也算是个奇迹。它的成功正是切割了一个看似很小的细分领域：下酒花生。

20年前，东莞市就有几百万的人口，而这些人中，超过60%的都是外地人，这些外地人背井离乡，来到东莞这片热土上打拼，他们大多都有一个迫不得已的理由，要么为了家庭，要么为了事业，又或者为了爱情，这些60后、70后发扬着中华民族的优良传统，都在拼着命地奋斗，同时也在尽力为未来积累。作为释放压力和犒劳自己的方式，一餐性价比较高的小酒怎么能少得了一包几块钱的下酒花生呢？于是，这款打着"天府特产"和"四川麻辣味"招牌的下酒花生一炮而红。

傻二哥的"厚道文化"一直是企业的核心价值观，二十年如一日地坚持用最好的花生，使用国外最可靠的设备，给一线员工建花园式的公寓，把这些优势都集中在一个大单品上，成就了小酒花生区域品类冠军的地位。

当在一个细分领域取得成功之后，如何进行产品多元化呢？前面我们讲到了，多元化发展时，要坚持做有积累的业务。二十年来，傻二哥最大的积累就是对用户的了解，但是很显然，二十年前那些二三十岁的用户和今天二三十岁的用户根本不是同一类人，他们的需求完全不一样，面对今天红红火火的休闲食品市场，傻二哥将何去何从呢？我们拭目以待。

第三步

终端样板打造

很多人都说，现在线下实体店不好做了，线上会打败线下。但事实是，大型购物中心还在接连不断地建，品牌连锁店的布点越来越多，就连一些新生品牌也如雨后春笋般出现在城市的大街小巷。线下实体店依然有很大的生存空间。如果你觉得不好做，也许是欠缺了门店经营的三大系统。

一、实体店，真的做不下去了吗

你上一次逛街，是什么时候了？也许有人能回答得出来，但是确实也有这么一些人已经忘记自己多久没有去逛街了，比如我就是这样，可以在网上买到的东西，基本是不会到实体店去买的。上一次逛超市，还是陪家人去买年货。

移动互联网的兴起，改变了人们的购买方式。购买行为逐渐由传统的线下向多元化线上转变，支付方式由 PC 端逐渐转到移动端，让人们随时随地都能购物。任何时候，想要了解任何产品信息都可以通过手机立刻得到，想买什么都可以上淘宝、天猫、京东、聚美优品等平台去购买，几秒下单，几秒付款，至于送货的事，交给快递就好。不需要再像以前一样，喜欢一件东西，却因为抽不出时间去一趟商场而放弃。

很多人都说，现在线下实体店不好做了，线上会打败线下。但是，我想说的是，不好意思，事实并非如此。有很多人，他们的线下实体店依旧赚得盆满钵满。

1. 标杆实例——喜茶

2017 年有一个名叫"喜茶"的茶饮品牌爆红了，成为零售业的一个现象级事件。今天我们就拿"喜茶"这个品牌作为案例，分析实体店到底该怎么开。

喜茶到底火到什么程度？我们先列几个数据给大家看，主消费人群为 80 后、90 后的喜茶，单店日销平均达到 4000 杯，顾客最多的时候要排队长达 6 小时。根据相关报道，在 2016 年 8 月，喜茶获得 IDG 资本和今日投资的 1 亿元人民币 A 轮投资。而获得 1 亿元投资的创始人聂云宸还在控股。可以看得出它的溢价能力非常高。

那么这家发端于三线城市的茶饮店，是如何做到用 5 年时间变成刷爆网络的"网红"的呢？ 我认为有以下几方面的原因。

第一，从门店选址看，喜茶的门店主要分布在北上广深等一线城市，这些地区人口密集，居民消费水平较高，消费形式也不断在升级。

第二，从门面布局来看，喜茶主打的实体店面装修风格有以冷淡、简约为代表的黑金店，也有少女心爆棚为代表的粉色系列门店，以及以后现代艺术为代表的"艺术概念"店，塑造了喜茶风格各异的品牌个性，顺应了 80 后、90 后追求个性、新鲜和有趣的需求。

第三，从产品创新看，在如今奶茶饮品大同小异的市场环境下，喜茶最核心的竞争力当属茶底和配方。以目前奶茶市场来说，粉末茶和奶精茶都得不到消费者的认可，喜茶放弃了廉价的奶茶专用碎茶，而是提供乌龙茶、茉莉花茶以及绿茶等更为优质的茶底，凭借创新的产品赢得年轻消费群体的青睐。

第四，从营销策略来看，喜茶完全契合当下年轻消费群体的消费习惯和喜好，毅然决然地选择拥抱新媒体，尽可能让喜茶的名字出现在朋友圈和微博里。网红店的诞生不是自发的，而是在网络媒介环境下，包括网络红人、新媒体以及受众等利益共同体综合作用下的结果。尤其是其"购买一杯茶，排队 1 小时"的"饥饿营销"手法对喜茶品牌的快速传播产生了巨大的作用。

2. 场景式营销

但是比起饥饿营销，我认为喜茶更擅长的是场景式营销，就是我们所说的场景式消费。那么场景式消费又是怎么回事呢？ 有人是这样总结的：在销售过程中，通过人物、产品、场合等有关要素的组合，并且通过环境和氛围的营造，使得消费者在消费中除了物质上的满足外，还获得更多的心理和精神上的满足。简而言之，就是以场景来触发消费者的购物欲。

比如喜茶的黑金主题店，从永恒的黑色经典中找寻灵感，继而推出限定版的茶饮"喜乐芝黑金"，当你端着一杯和店面风格一脉相承的饮品，会呈现出一种小资时尚的场景，喜茶就是在你体验茶饮时，将你拉入这种无穷想象的场景中，让你不再关注喝的是什么，而是关注能得到什么样的感觉。从喜茶主打色彩美学和艺术概念的场景中，我们不难发现消费者在场景式消费里所感受到的微小幸福感和满足感。回归到喜茶的"排队文化"，排了长队去购买一杯网红茶饮的目的，有时也许只是为了"跟风"去拍一张能发到朋友圈或微博的美图，从而得到幸福感和满足感。千万别小瞧这样一个单纯的举动，一旦其他消费者在朋友圈或微博看到你发的动态，他们必然会对这个场景产生好奇和怀疑，进而激发了他们的购买欲望，这样一种场景式消费，确实让喜茶更加吸睛。

那么场景式营销又有什么特点呢？ 我们可以总结为以下三个特点。

第一，身临其境。你去商场买东西，如果单件的家居用品堆成山放在一边，你连挑选的欲望都没有，可宜家是把沙发、靠枕、茶几、杯盏装饰成一间客厅，你身临其境，就会觉得这几件物品搭配起来竟然那么漂亮，这时候就有了购买的欲望，这就是商家给消费者构建了一个消费场景。当产品的体验也不足以令消费者为之买单时，商家必须给其建立一个适当的场景，以氛围来烘托，打动内心情感，消费者买下这件东西便顺理成章了。

第二，随时性。微信、微博的盛行让诸多网友深陷其中，比如无意间刷朋友圈，看到好友晒的照片，别人穿的某件衣服、戴的某块手表，你觉得特别好看，这时就会触发你的购买欲，于是你问她在哪买的，她即刻将链接推送给你，你直接下单付款。还有些商家喜欢转发消费者的买家秀，以此来刺激购买。在类似这样的购买过程中，消费者本来是不带有目的性的，完全是因为某个场景触发了她，激起了购买的想法，这就是场景式营销的随时性：完全出乎意料，随时随地都可能发生。

第三，多样性。我们在购物商场经常能见到，一些服饰品牌会根据服饰的不同，设置与服饰相配的场景，比如户外运动服饰，会搭设出小型的高尔夫场或是篮球场；耐克、安踏等运动品牌的门店为了营造青春活力的感觉，甚至会在门店模拟运动跑道，这些都是针对特定的客户群体进行的场景设计，让用户一目了然，使场景式营销变得更为多样化和立体化。

在消费升级的时代，消费者的选择更加多元化，他们早就不满足于传统购物中心里那些毫无新意的陈列和打折促销活动。再加之电商行业的猛烈冲击，使人们足不出户就能轻松购物。对于当前大多数人而言，消费行为已经不再是单纯的"买买买"，而是多元化、个性化的消费诉求和网络化的消费行为。场景式营销就给消费者带来了更多线下消费的满足感，搭建场景能够满足消费者多元化的需求。

综上所述，其实实体店并非没希望了，而是很多人不了解消费者的诉求。今天消费者的选择多了，不再是你有什么我买什么，而是你有什么我看看再考虑要不要买，要不要跟你买。所以实体店可以开，但产品要有创新，店面要有"颜值"，如果跟街上的店一样千篇一律，那还是不开为好。更重要的是，要像喜茶一样懂得为消费者构造一个能激发消费欲望的场景，充分发挥实体店的优势，让消费者看得到摸得着，认同这种消费过程中的体验，增强消费者的黏性，触发他们的消费。

二、门店经营三大系统

说实体店越来越难做，其实是门店经营缺乏系统和体系。那么怎么做才可以把一家店经营好呢？我分析总结出三大系统，分别是引流系统、成交系统以及转介绍系统。

1. 引流系统

引流系统负责吸引人流，是决定一个门店能产生多少业绩的第一步，没有人流，后面的一切都是空谈。

目标用户群体

引流的关键首先是找对目标用户群体。以一家开在学校附近的视力康复店为例，它的优势在于开在了学校附近，有很大的学生和家长基数。学生自己不一定意识到有这样的刚性需求，但家长却会有这种关怀孩子的心理，因此瞄准学生和家长这个群体会更为精准。

找准了目标用户群体，我们可以分析一下他们的消费心理。对于家长而言，他们有的是心理倾向而不是刚性需求，而满足心理倾向的消费通常都是小额消费，就像我们平常给小孩买玩具一样，明知道家里已经有一堆玩具，小孩子看到新的玩具还想买，一般只要价钱不贵家长都会再买一个，能让孩子开心自己省心，何乐而不为呢。因此引流系统中的第一步，是要找准目标用户群体，并以此为依据提供合理的产品搭配，让用户能够为此买单。

内容支撑

引流系统需要内容支撑，给消费者一个愿意进入的理由。

什么叫让人愿意进入的理由，就像百果园那样打出"不好吃不要钱"的口号。消费者听到这样的口号，要么就有本能的反驳心理想要去尝尝看，要么就觉得反正不用钱试试也无妨，要么就想了解一下究竟这水果有多好吃才敢说出这句话，不管是出于哪种心理，他们至少都有了一个进去了解的理由。

那么具体方法都有什么呢，一是体验活动，用低价或免费的促销活动吸引人们进场。很多时候人们对某个产品并没有多大需求，但是"不试白不试"是很多用户被攻克的最大原因，这种手法尤其在餐饮店更奏效，为什么新开的餐饮店都会搞开业打折？第一步是吸引人流，第二步则是依靠人流营造爆棚的感觉进而让更多人进店，大排长龙的喜茶就是最好的例子。因此不要吝于搞活动，这反而是拉近你与用户距离的最简单手法。

第二个常见的让用户进店的方法是场景，简单来说，场景是一个可以让用户产生联想的营销利器，用户当下没有需求没关系，当他看到那个场景，触发了他的联想，让他产生"哎，我好像也需要这个东西"的想法，那么他自然就会购买了。所以开店我们既要适当搞一些体验活动，又要注重场景氛围的营造，过去店铺宣传的 DM 单张、微信软文推送，很多都只是简单地列出产品明细，然后赤裸裸地打上价格，其实如果我们适当给出一些场景，让用户感觉到购买产品的必要性，价格便显得没那么重要了。

最后，引流系统需要结合推广。有了上述的内容，推广就很清晰了，线下可以通过地推、商家合作等方式，因为门店通常都有一定的区域限制，地推能有效覆盖门店的周边区域，而与商家合作则可以收到联动的效果，通过适当的让利让他们的客户也成为你的客户，节省了地推的人力、时间成本。线上可以找一些当地知名的自媒体进行广告、软文推送，比如当地的生活类、资讯类公众号，这些自媒体地域划分分明，用户特征鲜明，最重要的是拥有庞大的粉丝基数，覆盖范围也更广，触达率比地推高得多。另外我还推荐大家尝试朋友圈第 5 条，这是近几年比较流行的新型营销工具，基于大数据，微信能够把你的信息定制化地推送给特定的地域、人群，你能选择广州黄埔区或是天河区，能选择男性或是女性，甚至精确到 30 岁以下的还是 30 岁以上的，这就让门店的推广更加精准有效。

总结一下，引流系统的第一步是目标用户群体切割，梳理合理的产品线；第二步以体验活动或场景作内容支撑；第三步是根据内容选择适合的推广方式。三部曲从里到外，把门店内部与对外推广打通，为门店架起一座通往消费者的桥梁。

2. 成交系统

引流系统让消费者有了进店的理由，那么有来的理由，就要有留的理由，留下来还要有消费的理由。

　　能让消费者留下来的最基本的原因是店面形象，试想一下两家餐厅并排而立，一家明净敞亮，一家凌乱昏暗，你会选择进哪间？我想你八成会选择前面那家。所以成交系统的第一步就是具备完善的硬件系统。

硬件系统

　　这里的硬件系统包括三个方面：店面装修、人员面貌以及引导路线。

　　店面装修

　　店面装修比较好理解，就是整个门店的外观，包括店内外的装修、宣传物料的摆放这些基础设施。一个好的门店从门头开始就能吸引人驻足，而通常内外统一的风格更能让人有舒适感。宜家家居的门店大多都很火爆，但很多人其实并不是来买东西的，他们是来感受，甚至是来"打卡"的。宜家家居的一大特色是它的"高颜值"，北欧风、森林风、简约风，各种各样的风格搭配出一个个系列呈现在你面前，它也不急着让你消费，先让你饱尝一顿"视觉大餐"，不知不觉你就会想要买个同款回家了。因此门店的装修布置是达成成交的重要一环。

　　除此之外，店内的宣传也很重要，这是促使消费者成交的重要因素。当消费者进入店铺，营销其实就已经开始了。他可能会被你墙上的标语所吸引，他可能会对你陈列的产品产生兴趣，他可能会被你设置的各种场景展示激发出消费的欲望。这些推广物料是在无形中为你促成成交的法宝，有时候甚至无须你多费唇舌顾客就会主动询问，本来想买的是这个商品，看着看着又会把其他的商品收入囊中。当然推广物料也不是越多越好，只要适当起到一些氛围营造的作用就可以了，否则满满都是广告就会适得其反了。

人员面貌

人员面貌也算在硬件系统里，因为这是第一眼就能让人产生印象的东西，当中包括店员的统一着装、妆容、精神面貌等，即便你还不够专业，专业的打扮也能带来加分。因此不光要给店面装修，也要记得给店员装扮。

引导路线

引导路线，也就是消费者进入门店选购的线路。引导路线的作用，是在不断引导的过程中，一步步改变消费者的意志，最后促成成交。其实这点是跟店面装修布局有关系的，但很多人并没有意识到这一点的重要性。门店如果不是很大，结构可以不用太复杂，但是也不要太通透，也就是说不要让人一打开门进去一眼就能看完了，这样的结果要么是他一眼能看到他要的东西，只买那个东西就完了，要么是看不到他要的，直接就走掉了，两者都不利于成交。

案 例

你有没有发现逛一次宜家家居要很长时间，不是因为你左看右看，左挑右挑，而是因为从进去那一刻开始，你就只能一路逛到底直到出门。这就是宜家的高明之处，它设置了一条引导路线，让消费者只能一直走，并且越走越容易产生消费。伦敦大学学院建筑系教授潘恩研究过宜家展示厅的布局，并指出带着消费者从头到尾蜿蜒绕行整个卖场的格局，是宜家家居暗藏的心理学中重要的一部分。

潘恩指出，宜家卖场的格局是单行道，在心理上会对消费者造成干扰。由于你必须走过整个展示厅，看到不同的物品以各种方式搭配，你势必会看到更多你想要的东西。然后它的布置也很巧妙，先是样板间，后面是单品区域，这样在看过这么多精致好看的搭配之后，你就会忍不住去单品区域进行采购。就算你忍住没有采购，它还有最后一次机会，那就是接近收银台的地方，由于卖场的格局特殊，你最终会把让你犹豫很久的物品放进购物车，因为走出出口你不会再想花将近一个小时重走一遍整个卖场只为了那套小小的餐具。

软件系统

软件系统也分为两个部分，第一个部分是接待流程，这个跟我们案例里说到的引导路线有很大联系，第二个部分是价值塑造，也就是如何让消费者感觉到你的产品之于他们的价值。

接待流程

接待为什么要有流程？

因为人与人之间的信赖感建立需要一个过程，而这个过程是由浅入深的，所以正常的接待流程也是需要由浅入深的。但整个接待过程，一定要紧扣解答客户的抗拒点，特别是让他看到你的价值。在设计接待流程时，我们可以用一个倒三角的理论模型，就是先解答共性的问题，最后解答个性的问题，先解答容易的问题，再解答难的问题，先介绍宏观的内容，再介绍细节的内容，一定要充分展示了价值之后再开口报价和成交。

例如，我们给一个做全脑开发的培训机构的门店设计的接待流程：第一个环节，我们着重说孩子的成绩好坏其实跟智商关系不大，同一个老师教，在同一个班级上的课，之所以成绩差别大是因为他们的理解力和记忆力的差别大；第二个环节，我们拿出一幅图，展示的是左脑和右脑的分工，主管理解力和记忆力的是左脑；第三个环节我们再去探讨如何开发左脑。你看，这就是接待流程的作用，否则，你一上来就跟他讲我们的全脑开发课程有多好，老板有多棒，他连听都不会听，因为这对他不重要，跟他没关系。

因此，想要促成成交，还要学会为你的产品塑造价值，让用户认可。下面我们就来谈谈怎样让你的产品价值得到用户的认可。

价值塑造

首先，挖掘用户的真实需求。你仔细观察，会发现成功的产品背后都少不了对用户的某个需求或者痛点的把握。比如拼多多抓住三四线城市和农村消费群体倾向于买低价商品的心理，采用"帮我砍一刀"的社交＋电商模式，以"低价"为卖点，迅速占领了市场，仅仅三年的时间便拥有超过三亿的用户，市值高达 300 亿元。虽然人们对拼多多上的商品褒贬不一，但有三亿人使用，说明它对这三亿人来说是有价值的，对于这些消费能力一般的用户来说，他们在乎的不是品牌，他们的真实需求恰恰就是低价，还能收获和朋友一起"砍价"的快感。

不少人有这样的误区，认为自己的产品可以满足用户的需求，但其实不是这样的。拿我日常生活中的例子来说，当我感冒了去药店买康泰克，我的需求不是康泰克，真实的需求是要治疗我的感冒；当我去水果店买水果，水果不是我的需求，好吃并补充营养才是我的需求；给我太太买耳环，耳环不是我的需求，让太太开心才是我的需求。因此，当顾客来到店里，不要急着说自己的产品如何，先要挖掘对方真实的需求，才能让你方向正确地去塑造价值，如果明明用户的需求是这个，你却在拼命塑造那个，那就是背道而驰了。

其次，在找到用户的需求、痛点之后，你需要给出解决方案。给出解决方案的过程不仅是为用户创造价值的重要过程，同时，这也是一个展示产品的重要过程。此时，你要懂得把你的产品描述出来，告诉用户，我的产品能为他解决什么问题，能为他带来什么好处，等等。在描述的时候有一点非常关键，就是要"场景化"。这样能更加容易抓住用户的痛点，能让他们感同身受，能发现自身生活的冲突，这冲突恰恰就是产品为他们提供的价值所在。在纸尿裤刚刚上市的时候，广告宣传说纸尿裤能够帮助妈妈节约换尿布的时间，减轻妈妈们的育儿负担，但推出后效果并不理想。后来纸尿裤的生产商改变了营销说法，大力宣传纸尿裤能够减少宝宝的红屁股现象，还可以帮助宝宝提高晚上的睡眠质量，一时间纸尿裤成了育儿必备产品。这个案例就是结合我刚刚所说的两点，理解用户的真实需求是让孩子用得舒服、安全、舒心，以及场景化地把解决方案告诉用户——用这款纸尿裤能减少宝宝的红屁股，为宝宝带来好睡眠。再比如步步高点读机，它用简单的一句"步步高点读机，妈妈再也不用担心我的学习了"的广告语，轻轻地撩拨了中国千千万万家长那根"望子成龙"的神经，尤其对于那些受教育程度不高的家长们来说，这款产品恰恰能精准地击中他们的需求，为他们提供了一个卸下心理负担的方法。并且，简洁明了地通过一句广告语给出解决方案并打动顾客，让这些家长内心产生"有了这款点读机，就能解决孩子成绩的问题"的心理暗示。

最后，我们产品的价值最终体现就在于成交，在产品成交之前的一系列动作都是铺垫，只有在顾客付款买下之后，产品才真正产生它应有的价值。所以，在给顾客提出解决方案后，还有引导顾客成交的关键一步——案例见证。这个做法是营销手段的经典技巧之一，为的是引起"羊群效应"。所谓羊群效应也叫作从众效应，是指个体会受到群体的影响而怀疑进而改变自己的观点、判断和行为等，以和他人保持一致。也就是通常人们所说的"随大流"。很多人有很强的从众心理，因此，尽可能地举出关于你们产品的成功案例，利用人们的从众心理，给顾客一种你们的产品热销的印象，便能更容易说服顾客，给顾客更多的信任感，从而促使他们下单成交。尤其是当你告诉顾客，他身边的人已经使用或者购买了这款产品，并因此获得了显著的好处，他们会更认真地研究和重视你的产品，并加快做出购买的决定。

3. 转介绍系统

成交系统之后还有一个转介绍系统，因为成交不意味着一次销售的完成，而恰恰只是销售的开始。看看四周你所接触到的顾客，有一部分是他们主动上门的，还有一部分是经转介而来的，而无论是主动的还是被动的顾客，他们还可能会介绍更多的顾客及新朋友。而且经转介而来的顾客，通常对门店或产品抱有一定的认同，因此更容易促成成交，他们的消费额也会更高，更能让你获利。但要如何去刺激这种转介绍，就要看经营者做得如何了。门店要想开得好，不光要把老顾客经营好，还要能不断吸纳新顾客。这就是转介绍系统的必要性。

转介绍系统有四步，一是价值塑造，获取现有顾客的认同，推动顾客主动转介绍；二是建立转介绍激励制度，促使顾客主动转介绍；三是建立有效的转介绍方式或内容，便于顾客转介绍；四是建立回访制度，对成功转介绍的老顾客进行回访。

价值塑造

第一步，价值塑造。这其实是成交系统里的重要内容，所以说引流系统、成交系统、转介绍系统这三大系统其实是环环相扣的。现有顾客愿意做转介绍，无外乎四个前提，一是顾客对销售员认可，把销售员当朋友，认可销售员的为人或能力；二是顾客对销售方式感觉好，不用担心引起自己朋友的反感；三是顾客对门店产品的质量、价格认可，认为产品对朋友有帮助；四是顾客对服务满意，好的感觉要跟好朋友分享。价值塑造就是起到这样一个作用，挖掘顾客的真正需求，给出解决方案，结合案例见证，一步一步进行价值塑造，让顾客认可你的产品、服务，甚至是你本人，让他觉得产品对他是有价值有帮助的，能满足他的需求的，那么他自然就会有转介绍的动力。

但很多人只注重购买过程中的价值塑造，而忽略了售后的价值塑造，其实售后的那一个月里反而是价值塑造的重要时机。在店里的认同感是一时的，顾客可能会在使用过后因为体验感、使用频率等原因对产品产生怀疑，只有跟顾客保持联系，保持价值的塑造，才能让他们有持续不变的认同感，也才能带来持续不断的销售。所以我们可以观察一下，以前去眼镜店配个眼镜，配完就完了，戴得舒不舒服、适不适应不在店员的关心范围。现在不同了，戴上之后一个星期问你几遍适不适应，看东西有没有好转，不定期还给你发信息提醒你调调松紧，验验光。这样到位的售后，想不给别人介绍都难。

转介绍激励制度

第二步，建立转介绍激励制度。价值塑造是辅助我们更好地促成转介绍的前提，但很现实的是，这需要产品确实非常优质，并且可能要花大量的时间精力，才能获取如此高度的认同，而一个转介绍激励制度会相对轻松些。而且转介绍激励制度可以针对各式各样的商品，如购买汽车，老顾客推荐新顾客，老顾客可免费获得汽车保养服务；购买住宅，老业主推荐新业主，老业主可减免 2 年或 5 年物业管理服务费，新业主可获得购房折扣；在婚纱影楼，老顾客推荐新顾客，老顾客可免费拍照，新顾客也可以得到优惠。这些政策相对于传统的促销工具更有针对性，相对于单一的口碑传播更有时效性，能以较低的成本和时间取得较好的效果。这当中的关键是先找到有价值的关键意见领袖，利用意见领袖的人脉和影响力，建立高度和深度，这样既能确保新客户的数量，又能保证店铺的盈利。

转介绍方式和内容

第三步，建立有效的转介绍方式或内容。从来没有一只耳朵是被嘴巴真正说服的，想要通过一张嘴去影响人做决定是很难的事情，因此如果想要你的客户愿意帮你做转介绍，除了让他认同你的产品、给他适度的奖励，还应该让他可以比较轻松地推介，这样才能有持续的动力去做这件事。什么样的方式和内容才能让人有动力呢？自媒体以及短视频是两个重要的手段。

毫无疑问，在互联网的时代，人人都离不开手机、台式电脑、笔记本电脑，自媒体是与用户建立关系的最低成本的做法。微信公众号、微博、抖音、头条号等都是用户日常中经常会接触到的，商家在这些媒介上建立自己的传播路径，用户只需要简单的几个步骤就能把大量的信息转发出去，省去了他介绍的时间和工夫，新用户也能更容易、更具体地了解产品，对新老用户都是最省心的做法。而内容则可以选择适合病毒式传播的短视频，正所谓百闻不如一见，越来越多的淘宝店家都给产品拍展示和操作视频，可见短视频对于用户的意义有多大。

回访制度

最后一步是建立回访制度。也许新顾客比老顾客的购买能力更强，消费金额更高，但千万不要忘记，新顾客是老顾客介绍来的，维护好老顾客，他也许还能给你带来好几个购买力强的新顾客。因此经营者可以定期给老顾客举办一些回馈活动，定期回访，增强他们的黏性。这样我们从第一步的价值塑造到第四步的回访，构成了一个闭环：以老顾客为原点，最后回到老顾客，不断促成转介绍，实现业绩的持续增长。

而从转介绍系统回看前面两个系统，引流系统以及成交系统，你会发现，这同样是一个闭环，转介绍系统为门店带来潜在的顾客，但要让他们真正走到店里，完成销售，就需要依靠引流系统和成交系统一步步实现，因此还是我说的：三大系统环环相扣，你中有我，我中有你。

案例

美国传奇销售员乔·吉拉德连续 12 年荣登世界汽车销售第一的宝座，他所保持的世界汽车销售纪录：连续 12 年平均每天销售 6 辆车，至今无人能破。支撑乔·吉拉德取得这样的成就的其中一个很重要的因素，就是他有大量的转介绍的顾客。乔·吉拉德认为推销是一个连续的过程，成交既是本次推销活动的结果，又是下次推销活动的开始，所以在成交之后他会继续关心他的顾客，而不是把他们置于脑后。他总结了"250定律"。就是说每位顾客身后，大概有250名亲朋好友。如果你赢得了1位顾客的好感，就意味着赢得了250个人的好感；反之，如果你得罪了1名顾客，也就意味着得罪了250名顾客。

另外乔·吉拉德也很注重售后的客户维护。在成交之后的一个月里，他不断地为他的顾客们提供着各种服务和联络感情，让顾客对他的印象越来越好，也越来越认可他的产品；渐渐地他们都非常积极主动地向自己的朋友推荐产品，就这样，乔·吉拉德既能保住老顾客，又吸引到了更多的新顾客，成交量也就日益增加了。

三、社区店是未来趋势

五年开店近千家，钱大妈缔造了实体店寒潮里的又一个神话。和面积大、品类丰富的菜市场相比，店铺小本来是钱大妈的不足之处，但是钱大妈却化腐朽为神奇，因为开在了社区楼盘附近吸纳了大批忠实粉丝，而店面小意味着商品有限，反造就了因限量供应而引发了一大早就排队疯抢的热潮。

最近，"社区的大妈"钱大妈终于开到了我家小区楼下，我本来以为顾客主要是以上班族为主，因为离小区不远就有一个大型的综合市场，走路大概 10 分钟，开车 5 分钟不用，东西又多又齐全价格也不贵，对于大妈、大爷这些老年人来说，还是综合市场比较适合他们。但是出人意料的是，每天一早我开车出门时，都能看到好多老年人挤在这么一个小小的店铺里，忙着挑选店里店外的蔬菜、肉类等，有一天居然还看到了我母亲。后来我下班回家想起这事，就问她，怎么也跑到钱大妈凑热闹去了。这么一问，我才知道老太太光顾钱大妈已经有一段时间了，还进了钱大妈的微信群，每天一早就在群里下单，让店员给她留着哪些菜。我问，前面那个综合市场的东西又便宜又齐全，怎么不去了？老太太说，还是楼下的方便，基本的菜啊、肉啊都有，还近，没什么特殊情况就都去钱大妈那买了。于是，我明白了，果然方便才是王道。如果想开实体店，社区店将是未来的一个方向。

1. 大型综合体转型社区店

越来越多的大型超市开始"瘦身"进驻社区。比如在人们眼中一直以大卖场的形式存在的沃尔玛，2018 年 5 月在深圳开设了中国首家智能超市——沃尔玛惠选超市。不同于传统大卖场位于市中心或繁华地带的选址，这家惠选超市坐落于深圳市宝安区内人口较密集的一个居民社区，面积只有传统大卖场的10%，产品种类也缩减到 8000 多件，但是惠民服务却新增了包括服装修改、配钥匙、皮具护理、鞋子洗护、手表维修等在内的到店便民服务以及包括家电清洗与维修预约、鲜花配送、旅游预订等在内的二维码直通服务，用沃尔玛中国超市业态及鲜食营运副总裁布盛年的话来说，沃尔玛要更贴近顾客，融入社区，成为社区的一部分。

不只有沃尔玛在转型，家乐福的"easy 家乐福"、永辉的"永辉优选"、乐城超市旗下的"生鲜传奇"等都纷纷走起了小业态路线：缩小店面，开进社区。显然在电商的冲击下，顾客对这些追求大面积和商品齐全的业态的需求在不断下降。除了生鲜以外，常买的日用品多数都可以通过天猫超市等电商解决，方便才是消费者所看重的。就连传统的综合菜市场也渐渐被社区里的钱大妈、百果园等连锁生鲜品牌取代。

不只快消行业在转型，建材行业也在向社区店进军。比如陶瓷行业的巨头之一——东鹏瓷砖，在过去的一年里，推出了 319 个位于新建小区的小型"社区店"以及 817 个位于小市镇的"卫星店"。由此可见，在一定程度上，社区店已经成为厂家发展的新战略，打通电商所欠缺的"最后一公里"，成了一种新的渠道。可见社区店的确是未来商业发展的一大趋势。

2. 为什么都在开社区店

我们从消费者的消费习惯来看，过去是人找店，有了电商，就变成了店找人。在电商的冲击下，消费者的大量需求基本能通过网购满足，特意去某家店里买东西的情况越来越少，我们经常可以看到在大商场里，人来人往，人潮汹涌，但是真正交易的人却很少，人们只是想要找个地方吃吃逛逛，却没有什么购买欲。即便是吃饭，也有美团等外卖平台，没有特殊情况谁还需要出门呢？而当店铺开在了社区，便是店铺主动来找人，让消费者在日常生活中，在家门口就能看到它们。社区店的一大好处，就是能更高频率地出现在人们生活当中，在消费者不知不觉中收到宣传品牌，占领市场的效果。

有人说社区店的顾客群比较定向，可能就是一两个小区，但不要小看这一两个小区，大的社区可以有几万人，小一点的也上万人，足够养活一个门店了。虽然从客流量来说，社区店跟商场店没法比，但社区店的租金要比商场店低太多，这是社区店的一大优势。

另外，社区店所获取的顾客黏性更强。正如上文所说，一个社区店服务的范围可能就是那么几个小区，但也因此对于用户的管理和服务可以更深入。比如钱大妈用一个微信群就把小区的大妈都联系起来了，不光店铺与大妈们每天都有互动，大妈之间也能互动，比菜市场里的顾客黏性高多了。而且由于社区特有的半封闭的环境，人与人之间比较容易产生关联，因此社区通常有着"物以类聚，人以群分"的特性，你掌握了一两个大妈的生活习性和消费习惯，可能就会了解到一群大妈的生活习性和消费习惯，比电商单个个体去收集数据还要高效。因此，从方方面面来看，如果想开实体店，社区店的经营效率可能会更高。

3. 如何开社区店

那么，是不是什么店都适合开社区店？从目前来看，实体经济里仍然有相当一部分行业互联网的渗透率较低，包括家政、洗衣、维修、生鲜、餐饮、零售、健康、母婴、早教、养老等行业，这些行业总体交易规模仍属于线下场景消费，如果想抓住社区店的潮流，这些行业也许是比较合适的切入路径。

但在此之前我们需要了解目标社区，锁定目标人群。不同社区的消费层次、年龄群体都不一样，传统商圈是人适应商户，社区店更多是去适应人，根据人群情况去挖掘市场，从而找到社区店的切入路径。比如有的社区是以打工一族的租客为主，消费力可能没那么高，日常生活节奏也比较紧张，社区店大多就会以餐饮这类为主；有的社区偏老龄化，以老年人为主，那么社区店就适合健康、养老这个类型。

不光要了解目标人群，还要能"讨好"目标人群。如果商场店靠的是"钓鱼"模式，那么社区店就是典型的"养鱼"模式，因为商场店的顾客是散的、低频的，社区店的顾客是集中的、高频的。要让顾客经常来，除了能为他们提供便利，还要把人情做到极致，用位置加服务打通社区居民心理层面的"最后一公里"。当把一个店做出了成熟模式，再去找类似的社区和人群复制店铺就比较简单了。

第四步

传播策略选择

传统媒体时代，要做广告，成本较高，品牌想要做个营销也不容易，而且信息到达用户花费的时间很长。但现在是社交媒体时代，特别是微博、微信的兴起，人人都是自媒体，信息传播速度快，成本较低，利用这些工具，营销很容易实现宣传的目的。因此，品牌要想在营销战争中获胜，单纯依靠"财大气粗"是远远不够的。

一、让营销有感染力

有一家搅拌机公司的 CEO，他每天坚持做的事，就是"试图破坏搅拌机"。为了生产出功能强劲的搅拌机，CEO 把小木块、高尔夫球等物品扔进搅拌机，测试搅拌机是否能够承受这些"干扰"。这件事让营销总监乔治有了一个好主意。他把 CEO 每天试图破坏搅拌机的实验拍摄下来，将视频发给邮件列表中的客户。客户看到这些视频，就忍不住分享给朋友们。很快，这些视频就迅速传播开来。我们知道，新款的苹果手机、新型号的汽车、激动人心的好莱坞大片，这些东西很能吸引人们的眼球。可是，谁会去谈论卫生纸、冰箱或者搅拌机呢？这些东西太普通了！但是，在乔治制作的《这能搅碎吗？》系列视频中，五花八门的东西被放入搅拌机中搅碎——这些视频被观看的次数超过了 1.5 亿次。

其实，现在的互联网社会化媒体已经把我们带入了一个信息大爆炸的时代,我们每天要看的信息太多了,通过微博、微信、新闻客户端等见到的笑话和视频也太多了。 热点太多,又转换得太快,信息的生命周期短得可怕,转眼就被遗忘掉了。在信息的海洋中,如果企业发布的营销信息不够抓人眼球,不够有感染力,基本都会石沉大海,难以激起涟漪,因为消费者目不暇接,已经"审美疲劳"了。

那什么样的营销,才是有感染力的营销呢?

1. 病毒营销

有感染力的营销,就是要学会将至少一种"病毒基因"植入营销活动里面。当然,如果营销活动包含较多的"病毒基因",或者"病毒基因"的活性比较强,那么营销活动的感染力就会更强,人们就会积极关注、热烈讨论,营销信息就能够像病毒一样自我复制,自我传播。"病毒基因"活性强的营销活动,很快就会伴随着"飞轮效应",从一开始的小范围关注,迅速扩散到大范围区域,甚至引爆多个媒体和社交平台,最终引发产品的市场流行。由此可见,具有感染力的营销的核心,就是"病毒营销"。

传统的营销是"硬营销",信息是自上而下单向传播,是将信息"强推"给用户的。而病毒营销,属于软营销,可以达到润物细无声的效果。病毒营销活动不再是传统的广告、公

103

关、促销活动,而是内容营销、事件营销、活动营销等"软营销"。这些软营销活动中所含有的某种"病毒基因",或能够激发目标人群的人性欲望或情感,或承载了某种理念、思想,与目标人群的价值观念和信仰相吻合,从而吸引人们的注意,使人们自愿谈论和分享,最终实现产品的自传播。

但是在现实中,大多数营销活动所包含的"病毒基因"的种类少、活性差,感染力弱,或者几乎没有感染力,人们既不会关注,也不会讨论分享,这样的营销活动实际上是在做无用功,白花钱,浪费资源。

那么如何打造富有感染力的病毒营销,来实现产品的自传播呢?

紧贴主线,以产品为核心

如果整个营销内容不是围绕产品为核心展开的,就是在浪费财力和精力。也就是说,你要给你的产品找到一个传播点,这个点就是其中一个"病毒基因",这个基因要从产品中来,再到产品中去。从产品中来,就是我们的"病毒基因"要始终与产品有关系;到产品中去,就是我们要把"病毒基因"植入到产品当中,这样的产品才会自己说话。例如,网易云音乐就是一个成功的案例。网易云音乐将网易社区里面的评论作为营销内容,铺满杭州地铁上,赢得了用户的好评。它从产品当中挖掘到绝佳的内容素材,并直接作为"病毒基因"去投放,成为营销的利器。

制造冲突，引人注意

可以说，一个不能一眼博得消费者关注的营销活动，是没有感染力的。那么什么东西会引人注意？最常见的，就是有冲突的东西。在生活中我们能够很快适应有规律性的事物，所以我们往往对持续不断的、有规律性的感官刺激视而不见、听而不闻。例如，夏天风扇的呼呼声或者深夜楼道亮着的照明灯，你几乎不会关注到它们，但是事物一旦发生变化，如上面说的风扇突然被关闭，或者灯泡突然坏了，我们才会注意到这些事物。因此，想要吸引人们注意，就要制造某种变化，这种变化就叫作冲突。

添加文案，增加产品的温度和活力

在营销上，我们绝对不能低估文案的作用，文案几乎无处不在，瓶子、海报、产品、说明书、礼品等都有文案，但是很多文案都没有体现出它的感染力和自传播力。比如大家都在卖酒，酒瓶上除了 Logo 外，往往标注的都是一些酱香型或者清香型或者配料等信息。但是有的就不同，比如江小白就是最典型的。一样是酒瓶子的文案，江小白就懂得"表达"，就是有温度的，懂得和用户拉近距离，懂得走心。

植入彩蛋，出其不意

我们说的彩蛋就是亮点和精彩的部分。90% 的产品都是无聊的、枯燥的，植入彩蛋可以让产品更有趣、更新颖、更具有感染力。这个彩蛋形式可以是产品，比如常见的泰国广告，我们往往以为在看一个故事，却发现最后故事是在关联产品，而且关联得有意思、合情合理。另外的一种彩蛋形式就是内容，比如"双十一"的时候，打开淘宝页面，满屏的红包雨，点中就能用，这是最直接的内容关联。

因此，一个成功的病毒营销，首先要做到引人注意，这是营销沟通的起点和首要问题，不被注意，就等于不存在。再高一级，就是要丰富内容，要能抓住用户的"胃口"。最高级，就是有人主动地去讨论分享，用户就是最好的传播媒体。当然，最重要的一点就是，不管进行什么营销，好产品才是根本，如果产品不行，即使你把钱烧光了，依旧没有人想要你的产品。

2. 捆绑式营销

如果独自营销效果不佳，还可以借助其他品牌的力量，为营销增添感染力。捆绑式营销就是当下非常热门常见的营销方式。

两个甚至更多的品牌联动，互相助推，制造话题，这种营销方式被称为捆绑式营销。以前捆绑式营销多是双向的，比如A品牌与B品牌合作，可能是两个大流量联手制造更大的话题，可能是两个还不是很知名的品牌联手搞点新花样，也可能是不知名的品牌去找大流量品牌合作，一起实现共赢。但是，随着新媒体的兴起，越来越多的捆绑式营销走向单向化，即 A 品牌单方面、主动地捆绑某个品牌或者某个事件。

借势营销

借势营销的本质就是"捆绑热点"，也就是蹭热点。好的借势营销，就是善于转化热点，将热点彻底转化成自己的东西，其实就是站在巨人的肩膀上，将品牌优势进行"叠加"，更加亲民化、放大化地走向"吃瓜群众"，如果恰好戳中用户的情感点，那么恭喜你，你即将要迎来一波用户，他们能为你自发传播借势营销事件。比如在临近高考那段时间，对于高考这个举国关注的事件，各大品牌当然不会放过，早早就开始酝酿这一场热点营销战役——捆绑"高考"事件，"助力"这些祖国的花朵。比如像奔驰 C 级说，不会选的时候，一定要选 C；麦当劳则晒起准考证，来一波"回忆杀"，等等。

那为什么大家都喜欢借势营销这种方式呢？因为很多人觉得"造势"是要花钱的，"借势"却能省钱，所以个个都瞄着现成的热点。但是这里有一个误区，有些人在借热点时，只是一味扎堆在"热点"里，没有从"热点"话题中脱颖而出，没有用自身品牌去消化这个"热点"，这就会导致用户"审题疲劳"，造成负面的用户感知。因此，借势营销要玩得好，不仅需要对品牌价值输出有深刻的理解，还需要巧妙地搭建相关性，以快速在短时间获得大量关注。另外，蹭热点，蹭的还有速度，谁先抢占用户认知，谁就赢了。但是，这里有个注意事项，就是不建议借社会灾难和负面新闻的势。灾难事件本来就是一件令人痛苦的事，这时候再做品牌广告就有些不近人情了。还有那些引起社会广泛关注的负面事件，我们可以去关怀一下，但不建议做营销宣传。

关联定位

还有一种捆绑式营销是我们前面提过的，向"第一"看齐，捆绑行业老大，这就是"关联定位"，核心就是参考市场领导者而建立起来的定位。就是竞争的时候一定要去找比你更厉害的人，千万不要去找不如你的人。比如说，蒙牛创始人牛根生从伊利出来后，带走了大批骨干，开始大干一场，并做了如下几个动作。首先在产品包装上印上了"为民族工业争气，向伊利学习"的口号。一个初创品牌，立即把自己提升到为民族争气的高度，又傍上了行业老大伊利，可谓是一石二鸟之举。其次，蒙牛第一张广告牌的广告语是"做内蒙古第二品牌"，这绝对是"关联定位"的最佳实践者，一个毫无知名度的品牌，似乎立即成了除伊利以外的第二大品牌。现在，蒙牛创造了中国企业史无前例的成长速度，由名不见经传的品牌飙升到行业的前五之列，蒙牛的这种定位的手法也是值得学习的。

不管是哪种方法，品牌都需要主动出击，要有自己的核心竞争力，同时要守住自己的底线。

案 例

说起文案界的翘楚，杜蕾斯绝对是其中的明星。

逢年过节杜蕾斯都少不了一些大动作，而在 2017 年的感恩节，杜蕾斯的文案又一次惊艳了广告界，惊动了品牌界。别人打广告都是拼命说自家有多好，杜蕾斯不走寻常路，它一口气提到了 13 个品牌，到处说谢谢，比如感谢箭牌口香糖，因为收银台前箭牌口香糖始终陪伴左右给它打掩护，比如感谢飞亚达为所有人报时，而这些品牌纷纷给予了回应，最终联手奉上了一场"年度大戏"。

这出大戏维持了杜蕾斯文案一贯的高水准，首先是手到擒来的"蹭节日、蹭热点"，把"感恩节"和"杜蕾斯"作为固定元素，无缝连接上各大品牌，然后是一如既往的精炼和含蓄，用简短的文字和有趣的配图引发人们的联想。通篇看下来，它好像讲的都是别的品牌和产品，实际上却暗暗地说着自己的产品有多好，而消费者对它却无法反感，甚至，还会对杜蕾斯这个品牌，这三个字产生好感。

杜蕾斯的"套路"其实很简单，它的文案内容，大致可以划分为以下几类：节气、节日类，借助时事热点类，娱乐新闻类（包括电影、明星等），此外还有图形联想、谐音联想等。

杜蕾斯不放过任何一个节日，一年到头，从大众熟知的春节、元旦、情人节、父亲节、圣诞节等节日，到世界湿地日、世界水日等日子都不放过。

结合热点进行联想，改造成自己的内容更是杜蕾斯的拿手好戏。当年滴滴快车收购了中国优步，杜蕾斯就迅速做了一个文案"DiDi + Uber = DUDU"，取两家英文名称的头字母合并成"杜"的拼音，精准精辟的文案让人叹服。

当然，杜蕾斯的策划也是经过多次改良才有了今天的受人追捧，现在这种文字简单，配图隐晦的"不能说的秘密"风格已经成为杜蕾斯的标志。那么是什么造就了这些不胜枚举的经典案例呢？有三个关键的要素。

首先定位准确。作为一种计生用品，打广告其实真的很讲究，不能太露骨，也不能太张扬，于是杜蕾斯在多番尝试后，最终根据产品本身，把自身塑造成为一位有点坏、懂生活、有情趣的段子高手。

其次就是杜蕾斯的快速反应能力，比如范冰冰和李晨公布恋情时的"冰冰有李"文案，杜蕾斯借势造势，在大家最关注的时间点打最便宜的广告，然后收获满满的好评。

最后还是归功于杜蕾斯文案内容的强大，即便是短时间的借势，杜蕾斯的文案还是很有水准的，短短几句的文案配上有内涵的图片，把产品置于生活场景中，或在大家熟知的画面或事件中，非常利于文案的想象或联想。

这就是杜蕾斯对自身品牌形象的塑造，它让无论用户还是路人都对它产生好感，今天你可能没有使用这类产品的需求，但当你需要的时候，杜蕾斯肯定会首先跳出来被你列入选项，因为它日常的推广已经深入你的心，它良好的品牌形象赢得了你的青睐。杜蕾斯的高明之处就是它甚至不需要消费者试过它的产品，靠文案就把企业形象拔高，进而让消费者选择它。

二、活动营销

活动营销几乎每家企业都接触过，就是围绕活动而展开的营销，以活动为载体，以营销为目的。一个企业需要活动来塑造品牌，一座城市需要活动来打造城市名片，甚至大到一个国家也需要活动，走出本国，影响世界。我们中国是一个文化大国，同时也是一个活动大国，各种活动轮番上演，众所周知的如 2008 年的北京奥运会、2010 年的上海世博会等，都非常出色地提升了中国在世界的影响力，从而获得了巨大的经济效益。因此，一家企业也需要活动营销来强化品牌或是拉动销售。

在如今这个资讯泛滥的时代，人们的注意力成了稀缺的资源，单纯的媒体传播和广告投放都是被动的。企业都想吸引大众的眼球。而活动营销恰恰是一种广告投放最精准、与客户接触最直接、传播转化率最高的营销方式，能在短时间内极大提高品牌知名度，并且加深消费者对品牌的认知度。活动营销已普遍成为商业活动中必不可少的选择，企业可以说是挖空心思，使出"浑身解数"，变着花样地搞活动。因为一场好的活动营销带来的销售额可能会抵得上半年的业绩。

那么，活动营销应该怎么规划呢？

1. 整体规划

很多企业的活动有时是根据以往的经验判断，认为应该在某个时间点搞个活动，有时则完全由于对手的一些举措而临时决定搞活动。不论是凭经验还是根据对手的情况而临时决定的活动，都有盲目的成分存在。其实很多企业都会担心："不做活动吧，品牌知名度低，无人知晓；做活动吧，花了钱可能又没效果。"所以说，不要为了搞活动而搞活动，一定要有明确目的和整体规划。

明确目的

无论进行何种活动，你最终所要达到或预期的目的一定要弄清楚，是想通过这场活动做到吸引新用户、提高品牌知名度还是消除库存？当然，目的最好要明确，要精准，你永远不要指望一次活动能解决所有的问题。因此，当有了明确的目的，就可以围绕着活动目的去策划、执行，做到有的放矢。

策略制定

所谓谋定而后动，就是所谓的不打无准备之仗。在策略制定的时候，一定要紧扣目的，一切都为了达到活动目的，也就是说，对于达到活动目的没有积极作用的形式主义，要坚决砍掉。当然，不管是什么类型的活动，人都是最重要的，人来了，才有了一切营销的可能性，这里我们指的人，当然是指目标客户群体，因此，吸引目标客户群体，是策略制定的核心。在策略里，要在客户的需求和我们的产品之间找到一个重合的点，就是要给客户一个非来不可的理由。

活动推广

前面的策略是让客户有了一个非来不可的理由，那么我们就要把这个理由说给客户听，如果他听不到，一切都是白费力气。因此，活动推广就是要用最短的时间，让更多目标客户群体知道我们为他们准备的这一切。在这里，除了线下的地推和传统媒体外，还要敢于运用新媒体的资源，当然，这也取决于你的推广预算。

落地执行

一场活动，特别是一场大型的高质量的活动，最重要的就在于执行。因为对于客户来讲，前面你的准备工作都是在后台，展现给他们的就是你的执行。执行最重要的就是细节。所谓细节决定成败，为了保障活动的执行，我们的做法是会在活动策划完成后就成立一个活动执行项目组，把各个版块的工作都落实到具体的责任人，同时成立活动指挥中心，让活动总策划作为总指挥，坐镇指挥中心。指挥中心随时准备处理突发事件，同时对活动的全部细节进行检查和监督。

2. 人流聚集

前期的整体规划是用来确保活动的质量和顺利举行的，那么要想活动能产生更大的影响力，转化率更高，除了目标客户群体这种"专业观众"，现场的人气也是非常重要的。一场活动如何快速聚集到"人气"呢？这里有两点建议：

建立相关性

想要聚集到人流量，必须先给一个他们来现场的理由。我们经常见到的很多活动在推广前期，通过卖购物卡、入场券、抵用券等，来捆绑目标人群的利益。消费者花了钱，就有了一个不得不来的理由。但是只靠这种做法，是有很高的风险的。如果正面建立相关性难，那么就从侧面入手。比如常见的家居建材大促销活动，如果只是针对目标群体是很难聚集到大量人流的，但是如果广泛与儿童培训机构合作，广泛邀请广场舞大妈团，为他们搭建表演的舞台，就有可能了。为什么？因为对于小朋友来讲，可能不懂得为什么参加活动，但是家长一定懂，小朋友需要表现机会和荣誉感，为此，小孩、家长和老师都会积极参与进来。而对于广场舞大妈来讲，她们也非常需要展示自我，因此邀请广场舞大妈参加活动，小礼品＋舞台＋荣誉证书的处方，通常都会所向披靡。因此小朋友们可以带动一群家长，大妈不光带上自己亲戚，还可能把社区的老人团都带来。这样不光人气有了，这些群体也可能会在现场产生购买，一举两得。

重复性引导

营销是一个不断教育消费者思想的过程，通过活动信息的重复性宣传推广动作，吸引消费者的注意力，并勾起消费者的好奇心。比如说，我们经常看到的微信投票系统，它就是一个病毒式传播的广告体，活动主题、活动时间、活动地点、活动内容等，都在这个投票系统的载体上，进行刷屏式的宣传推广。这种宣传的举动使用户不仅会关注你的信息，还会转发你的信息内容。同一个活动信息，在不同地方不同时间，不断出现在用户的眼前，很难不引起用户的关注。

总结来说，活动营销前期要有周全的整体规划，确保活动当天能顺利进行。想要活动氛围更好，活动效果也更好，则需要提前把人气聚集起来。

三、视频营销

越来越多的企业或品牌开始利用视频做营销推广，包括宣传片、电视广告、网络视频、微电影等各种方式，依托视频网站为核心的网络平台，以内容为核心、创意为导向，利用精细策划的视频内容实现产品营销与品牌传播的目的。与图文相比，视频的代入感、传播性更强，更能深入用户内心。视频营销的好处是"视频"和"互联网"结合，既有电视短片的优点，如感染力强、形式内容多样、创意新颖等，又有互联网营销的优势，如互动性、主动传播性、传播速度快、成本低廉等。

但是充斥网络的视频如此多，却不是所有视频都能起到营销的作用。成功的视频营销不仅仅要有高水准的视频制作，更要发掘营销内容的亮点。而营销其实就是营销人，把人营销好了，产品也就能营销好了。把人营销好的关键就是从用户出发，站在用户的角度去做内容。

1. 从用户出发

提起"水蓄冷节能"这个词大家是不是觉得很陌生，不太清楚是什么东西？先跟大家普及一下：我们的日常生活可以说是处处离不开电能。由于大多数用户都是在白天用电，导致白天的电不够用，晚上的电用不完，为了保证电网的安全运行，一些企业、区域用电户甚至需要错峰用电，电的价格也是不同的，有的地方白天和晚上的电价差甚至会高达近 10 倍，在城市用电中，空调的用电量是一个非常大的用电量。水蓄冷技术就是利用峰谷电价差，在低谷电价时段将冷量存储在水中，在白天用电高峰时段使用储存的低温冷冻水供空调制冷。这样，就可以错开电网高峰时间去使用空调，达到节约电费的目的。

为什么讲这个呢？因为这涉及非常专业的知识，如果要拍成宣传片，想必要花很大篇幅去介绍。传统的做法就是用很长的篇幅从国家政策讲到地方政策，再到行业介绍、技术原理介绍，甚至是产品结构都说得面面俱到，就像去科技馆的感觉。然而看到最后，客户还是不知道能对他产生什么价值，与竞争对手有什么不一样。虽然你有核心技术，但你的核心技术能给客户带来什么好处才是客户最关心的，否则你的核心技术与他毫无关系。大家都卖设备，而你不仅可以卖设备，还有托管外包模式，这些才是客户最想听到的。这就好比大家去买手机，摄像镜头是多少倍像素这样的描述大家不一定懂，但你要说它堪比单反，甚至在某些场合能够替代单反，让人轻装出游，那就清楚明了，方便客户做出购买的决定了。因此一个好的产品宣传片，着重点不在功能参数上，而是在于能否简单明了地告诉大众，我的产品能为你解决什么问题。

比如慕思床垫的一则由奥美操刀策划、著名导演尹国贤执行拍摄的品牌宣传片，就跟我们以前看到的寝室用品广告片完全不一样。以前的广告片都是讲产品工艺多精湛、面料选材多优质或者做背书的名人设计师多厉害等。这一次慕思这则广告抛开了自身的优势，从用户切入。广告内容由两部分组成：前半部分描绘了这几个场景：警匪枪战现场、会议室、孩子的毕业典礼等场景中，关键人物却酣然大睡；后半部分则是完全相反的情景，在他们真正需要睡觉的夜里，他们却把写字桌、训练场、舞台搬到了床上……虽然广告片中有些场景故意荒诞化和夸张化，但这却是很多上班一族日常的真实写照——白天睡不醒，晚上睡不着，而广告片最后也适时闪现出这几句话，"你不会把睡觉带到重要场合，那你也不该把白天的烦恼带到床上，好好睡觉是一件负责的事"，一下子就击中用户心理，让大家产生共鸣。慕思将关注点放回到用户身上，与用户生活以及用户本身，紧紧捆绑在一起，实现了一次与用户的沟通升级。这种人文价值观的认同，成为慕思形成高品牌黏性的重要原因。

2. 场景展现

2016 年 4 月，来自 SK-II 的视频广告"她最后去了相亲角"在中国的社交媒体刷屏，引起了社会广泛关注及热议。影片描述了几位白领女性，面对家庭成员的催婚压力，最后勇敢地在上海的公园相亲角，挂出自己的巨幅照片及自立宣言。整个视频通篇没有提到一点 SK-II 的产品功能，而只是以品牌认可的口号标签"改变命运"为结尾。越来越多的现代女性被贴上"大龄剩女"这样的标签，人们往往看到的是她们大龄未嫁，而忽略了她们的独立和能干。因此视频通过剧情及情感的演绎，让目标受众也就是女性可以领悟到：化妆美容，并不一定是为了取悦男人，而可能是展现自信的自己。SK-II 的这则视频广告带来的轰动效应，激发了该产品在中国市场近 40%销量的增长。

你会发现不断讲产品本身的视频越来越少，更多的是用场景、故事去引发用户的共鸣，也可以说是"拉拢人心"。 晦涩难懂的数据参数，高大上的功能专利这些都不是用户想要的，只需要告诉他们什么情况下可以用到这个产品，用了这个产品有什么好处，就够了。其实这跟我们多次提到的场景式营销是一个道理，用最直观、最形象的场景展现，让用户认识产品并对产品产生兴趣，他们会主动来询问细节的东西的。场景式营销嫁接上视频这种快速传播的工具，让营销的效率更高，范围更广。

3. 短视频是趋势

在互联网及智能终端设备高速发展的当下，消费者对视频内容的获取变得容易，随时随地用手机观看视频已成常态，视频也因而越来越短，光是视频营销还不够，还要是"短"视频营销，要的就是短小精悍能够形成病毒式传播。有数据显示，截至 2018 年 2 月，短视频综合平台和短视频聚合平台的活跃用户共达 5.69 亿人，用户人均单日使用时长分别为 67.13 分钟和 64.44 分钟，大众对短视频着迷到什么程度从这组数据完全可见一斑。

2018 年，一位身处成都的姑娘因一句"能带我吃饭就好了"在抖音上一夜爆红，网友更称她为"成都小甜甜"。视频里一句简单的话，一个单纯甜美的笑容，瞬间戳中全国数亿男网友的心，让该视频在三天内就收获了263万个赞、上亿的播放量，该抖音账号也瞬间涨粉500万。这已经不是第一次发生短视频爆红事件了，这种现象从2018年年初开始就时有发生，从"海草海草随波飘摇""确认过眼神"这样的"神曲"流传，到COCO奶茶的隐形菜单、海底捞的花式吃法，再到小猪佩奇手表糖，各式热门短视频出现在人们眼前，不仅频频刷屏各大社交媒体，还制造了一大堆热门梗。据第三方调研公司的数据，截至2018年6月，短视频月活动用户已增长至5.05亿，入驻抖音的政府机构和媒体数量已超过500家。由此可见，短视频营销已成为营销的新趋势。

为什么要用短视频作营销？很简单，因为它"火"。为什么火，其一是"短"，以抖音为例，短视频一般时长15秒，短小精悍，不仅包含丰富的视听信息，而且不占用太多的时间，尤为适合当下碎片化阅读。其二是互动性强，受众范围广，品牌不再是高高在上地打广告，而是让用户参与其中。比如在六一儿童节，海尔投放了抖音刷屏广告，创建"我们嫩着呢！"的挑战话题，号召用户保持童心未泯的"嫩"，通过抖音给予用户展现自我的平台，将海尔兄弟品牌悄然融入其中，赢得用户的好感并参与，成功地拉近了品牌与用户的距离。其三是智能推荐，互联网发展至今，大家对于大数据的精准运用都不会陌生，抖音里的短视频通过智能推荐、个性化推荐打破过去常规的时间序列、空间限制、关系链条等，真正做到去中心化传播，让高质量内容遇见对的人，让志趣相投者相遇，让优质的内容流动性更强，也更易吸引大批用户从围观到参与。这一属性很适合各大品牌文化理念的输出，精准地找到目标用户群体，有针对性地营销和投放广告，加深用户对品牌文化和理念的认知理解。以COCO奶茶为例，仅用两个抖音短视频，就达到了百万的播放量；随后又带动不计其数的跟随者模仿拍摄视频内容，达到上千万的播放量。就是通过这样简单的短视频使得用户产生自发性的传播，不仅成本低，而且速度快，使得品牌爆发式地曝光，最后产品卖到断货。

不过，虽说抖音这类短视频营销传播效果好，但要想能真正利用好短视频营销，为品牌带来高效益，其实并不简单，为了短视频营销而一掷千金地做广告并不是明智之举。因此短视频营销可以参考以下建议。

内容营销战略

对于短视频的制作来说，重点必定是内容。短视频因为其时间短的特性，对于内容的要求更高。所以，要做对用户口味的内容，首先要找准目标群体并分析你的目标群体，勾勒一个用户画像，从年龄、性别、职业、经济情况等方面了解目标群体。最好能通过一句抽象的语句概况整个群体，如"22~30岁的都市白领，以女性居多，偏爱小资情调"，这样才能对即将要做的内容有大概的方向。然后深层挖掘这个群体的内心需求，从他们的视角看待内容、品牌等，最后通过内容创作触碰他们的痛点。以文章开头所说的"成都小甜甜"为例，她戳中的就是现代社会中男性在婚恋状况中承受着巨大的经济压力和焦虑心态。

长线发展战略

长线发展战略就是做到工业化流水线式的内容输出。在过去的多个爆款抖音短视频中，除了内容确实有创意、高质量之外，还存在很大的成功因素——偶然。偶然在生活中拍到了一些有意思的场景，偶然拍到一些有趣的对话或者活动，使得某个或几个视频偶然地火了，而当你翻开这类偶然火爆的账户主页后会发现，虽说有过几个爆款视频，但实际上大多数的视频都不温不火、没有太高的点赞量。这类在抖音中属于"过把瘾"的账号，因难以持续产出高质量内容，并不能吸引用户持续的关注，只能在用户的心里过眼云烟般地逝去，这类账号显然不是品牌或者企业想要的。所以，对于内容生产来说，光靠一时的灵感几乎无法维持内容生产，在内容生产中最大的难题不是爆款难题，而是工业化流水线操作与内容质量之间的平衡问题。

在微信公众号热火朝天的时候，涌现出很多立志要做好微信公众号的自媒体人，但是在更新了几次后就因"不知道要写什么"而放弃了。更不要说持续生产能成为爆款的内容，这是件难上加难的事情，毕竟壮观的奇观美景也不可能天天碰到，搞笑的剧本也不可能天天想得出来。不过抖音还有一种"次爆款"账号，这类账号虽然不像爆款视频的账号，拥有几百万的点赞和关注，能掀起一阵轰动，但是每个视频都能获得一定的传播量、点赞量，可能都处于几万到几十万的区间内，偶尔还可能会达到上百万，这种稳定、优质、潜力大的"次爆款"账号才是企业或品牌的目标。例如，抖音上的一位作家杜子建老师，从开始的几千的粉丝涨至几万，直至上百万。他一直是以一位长者、老师的身份从情感、职场、生活等全方面持续地输出、生产内容。虽然他的内容不是重复的，但是形态是固定的，都是源自于生活的思考或者是感悟，进而影响粉丝，传递价值。这种"固定"的内容就是所谓的"工业化流水式内容"。企业可以根据目标用户群体的定位，为你的内容输出制定标准化的模式，保持质量稳定的输出。

4. 直播新营销

直播营销也是视频营销的一种，但与普通的视频有极大差别。最大的区别有以下三点。

第一，娱乐性。直播的种类包罗万象，无奇不有，但是从各主播的人气来看，做严肃型直播的主播，人气远远不如娱乐型的主播。大部分人看直播只是为了消磨时间，娱乐自己，而想靠直播学东西的人少之又少，这种现象，跟第二个原因也有关系。

第二，即时性。直播顾名思义，就是我在播你在看，过了这个时间，你就只能看重播了，但是看重播的人少之又少，因此靠直播学东西只能是一个小众的细分市场。这对于我们商家来说，如果是一场商业活动，就要在直播开始之前做好相应的宣传、引流，才能达到比较好的效果。一场直播如果能做到时时有爆点，就能让每一个时间点点进来的观众，都有留下来的理由。

第三，沟通性。这是直播的核心竞争力所在。直播的时候，观众能够通过弹幕等形式与主播实时交流，这也是为什么直播会做得比视频更好的一大原因。第二点我们说到看重播的人少之又少，原因就在这里，因为重播的时候失去了与主播实时沟通的渠道，直播就变成了视频，那么也就失去了直播的核心价值了。

现在的直播有多火？有数据显示，截至2017年6月，中国的网民规模约为7.5亿人，而直播网民规模有3.5亿人，也就是说每将近两个网民当中，就有一个会看直播。资本市场自然不会对这个火爆的行当视而不见，现在的直播业已经从网红

125

争奇斗艳的战场变成了企业百花齐放的花坛。企业各种各样的营销手段里又多了直播营销这一选项。

但是，是不是什么产品都适合直播营销呢？是不是什么形式的直播都有营销力呢？当然不是。由于直播本身的年轻属性和平台之间的差异，导致了直播营销存在一定的适用条件，如果企业想通过直播的方式进行营销推广，可遵循以下步骤。

产品定性

直播营销除了要求内容要有趣，更重要的是，因为直播的受众具有年轻、分散等特点，导致直播营销对企业的产品本身也有要求。

产品平民化

产品定位最好是大众产品，因为直播的受众比较年轻，对于高价值产品的购买力并不强。

产品年轻化

产品的目标市场最好是年轻群体，因为年轻人跟中老年人的需求是有很大的差异的，他们需要的是机械键盘、苹果手机、口红、香水，如果我们想在直播平台上推广一款面向中老年人的保健品，那么可以预见的结果基本是失败。

产品普遍化

互联网时代，直播平台面向的是全国各地甚至是全世界，这就意味着看直播的人可能遍布世界各地,那么相应地我们推广的产品也最好是普遍能够购买到的,这样投入同样的规模和成本做直播,具有普遍性的产品就更容易取得效益。显然现在用直播做推广的企业和产品,大到 vivo、OPPO、奥迪、宝马等品牌,小到在淘宝直播请主播推广的各种淘宝店,它们都有一个共同点,就是产品没有明显的地域限制,只要你想买,基本都能通过不同渠道买到。

平台选择

各个平台有各个平台的主推产品,这就导致了每个平台的受众之间都存在差异。例如,斗鱼、熊猫、虎牙、战旗是游戏直播界的"四大天王",受众以年轻男性为主,喜欢玩游戏;像映客、抖音这些移动直播平台,受众是以年轻女性为主,主推娱乐、美妆产品。我们如果想用直播做营销,还得注意平台的受众跟我们产品的受众是否重合,也就是说你若是想推广汽车品牌放在斗鱼这样的游戏平台就不太合适了。

直播形式选择

选择了合适的平台,接下来就是选择合适的形式。对于企业来说,比较常见的直播形式有以下几种。

发布会

小米、宝马都曾经用过这个方式,打破传统发布会在时间、空间、形式上的制约，号称实现了"网红带领粉丝全民穿越，360度无死角观看直播"的神奇效应。不仅圈住了直播现场外的人气和注意力，还通过打赏、互动、点赞等实现了双向互动、高关注度和持续热度。

产品体验

天猫在2018年10月推出了一档名为《九牛与二虎》的节目，以创新的九宫格玩法，结合产品特性的综艺模式，让人轻而易举地记住出现过的产品。比如有个游戏对失败的一方惩罚竟然是让明星们吃蜡笔，看完这个你还会担心蜡笔的毒性吗？天猫这次的直播，在不到3小时的时间里，创下了1.4亿的点赞数，可以说是宣传效果非常好了。

广告植入

有一些厂商，会赞助主播使用他们生产的键盘鼠标、电竞座椅等，或者是游戏公司有偿请主播在直播过程中宣传、试玩他们的游戏，通过主播的亲自使用，带动粉丝的模仿效应。有从事类似行业的超级用户可以效仿这个方式。

选对了平台，选对了方式，再加上创新有趣的内容，就算达到直播营销的基本条件了。但是如果想更有效果，有更多的流量，一个自带流量的主播可以说必不可少。有条件的企业可以邀请游戏界、美妆界等与自身产品类型相符的"网红"主播，甚至明星作为直播的主播，利用他们自有的人气提高号召力和说服力，为产品的成功销售增添砝码。

哪里有流量，哪里就有商机。抖音等短视频平台、斗鱼等直播平台的火热流量，将会成为接下来无数品牌和企业营销的抢滩之地。善用视频营销，必定能为品牌或企业在新媒体时代打下一片江山。

案例

2016 年，奥迪在各大直播平台上为旗下的旗舰 SUV 车型奥迪 Q7 做了一次直播推广，请的是几个自带流量的当红主播，进行了为期一个星期的直播。几位主播驾驶着新款的奥迪 Q7 去了西藏，一路上有藏地的美景、主播的趣事，最重要的，是直观地让观众感受到了奥迪 Q7 在极限条件下的可靠性。在直播的一个星期里，共产生了 550 万人次的点击量。然而这样一次有内容、有话题、有热度的直播活动，却没有对奥迪 Q7 的销量产生可观的拉动，原因就是看直播的人，基本上都买不起奥迪 Q7。导致本次直播营销效果不佳的原因，或许就是产品与受众不对应。售价高达百万元的旗舰 SUV，显然不符合平民化的要求；奥迪 Q7 的目标应该是有强大购买力的中年人，与直播受众不符，但是如果换成是奥迪 A3 或 A4，那么就满足了直播受众的需求。

四、KOL 营销

KOL（Key Opinion Leader）译成中文是关键意见领袖。在营销学上，它是指那些拥有更多、更准确的产品信息的人士或者是某行业、领域内的权威人士，且为相关群体所接受和信任，并对该群体的购买行为有较大影响力的人。而 KOL 营销，就是利用那些在特定领域拥有影响力的人物，让他们和品牌或产品的受众建立联系，并且保持互动，进而增加推广计划的可信度，增强品牌知名度，获得潜在客户，促进销量增长。

KOL 的作用一方面是更有效地进行推广，另一方面是突破品牌圈层的天花板。通常一个品牌的成长壮大，是先在自己特定的领域中成长，但是要想成为一个受众广泛的大品牌，就要经历不断突破圈层的天花板，实现从 0 到 100 的蜕变。就像现在被称为"流量收割机"的抖音，在它最早上线的那一段时间内增长并不明显，用户都集中在非常小众的圈子里。而能让抖音迎来爆发性增长，真正进入大众的视野是因为相声演员岳云鹏在微博中转发了一个抖音用户模仿其表演的视频，该视频迅速上了热搜，引起了话题讨论。当然这只是抖音进入大众视野的第一步，抖音能取得今天的成绩，不是单靠岳云鹏的一个转发而取得的，而是通过很多 KOL 突破圈层，把抖音分享在他们的圈子里才广泛为大众所喜爱。

那么，品牌或者产品该如何利用 KOL 进行营销呢?

1. 选择合适的 KOL

有人说，KOL 不就是和明星网红一样吗? 其实并不全是，一些明星和我们所见的网红，都是一种形象的展示，被媒体追捧，吸引大家的眼球。比如在广告上的明星，更多的是靠知名度带来推广效果，还有一些像冯提莫等网红也只是因一种形象吸引群众的眼球，他们并不具备在特定领域上具有专业度的属性。但是在特定领域，明星也可以是 KOL。所以选择合适的 KOL 就非常关键了。

分析与品牌或者产品调性相符的 KOL

如今随着各类社交媒体兴起，各个平台上的 KOL 不可胜数。选择 KOL 通常有两种情况，一种是在平台上选择 KOL，这种情况的 KOL 是伴随着社交媒体成长、发展起来的，可以先选择与品牌或者产品调性相符的平台，初步缩小选择 KOL 的范围。比如小红书更适合与美容、娱乐相关调性的产品，那么调性相同的品牌可以直接在平台上选择 KOL。还有一种是选择合适的 KOL 在合适的平台输出，比如请来一个知名度很高的公认的专家在你的目标受众最多的平台上为你背书。而对于 KOL 的评估可以从多个维度进行，如 KOL 的活跃度、粉丝数量、粉丝属性、影响力等。

选择与品牌或者产品粉丝重合度最高的 KOL

根据前一步对各个平台 KOL 的分析与品牌或产品的目标受众人群匹配，找到与目标受众人群覆盖粉丝重合度最高的 KOL。不过前提是你得对自身品牌或产品的目标受众人群有个清晰的认识，这方面可以通过用户画像确定目标受众人群的属性。通过合适的 KOL 将品牌或者产品信息精准送达目标群体，提高营销转化率，才能收到高效、精准的投放效果。

2. 品牌与 KOL 结合

找到合适的 KOL 后，围绕 KOL 营销分为三步。

设置消费场景，通过 KOL 进行展示

比如产品是一款保温杯，我们可以让 KOL 真实地使用和体验保温杯，体会保温杯在不同场景下的使用感觉，将用户带入具体的情境中，来唤醒用户心理状态或需求，从而触发用户的购买欲。

输出品牌的亮点

在 KOL 营销的过程中，除了 KOL 本身有说服力能够让人信服，还要输出品牌的亮点，告诉用户为什么选择这个品牌而不是其他品牌，它有什么亮点。还是以保温杯为例，在KOL进行产品展示的时候，可以着重选择保温时间长或者质量好、耐用等作为核心亮点与品牌和产品做捆绑，成为品牌的符号，让用户一有购买的需求就想起该品牌。

发挥KOL效应

最后，通过KOL产生更多传播，比如可以由KOL发起一个互动话题，号召用户参与与品牌相关的活动，引导用户进行转发，抑或利用现在的DSP、SEM工具，进行二次营销，增加品牌曝光次数和影响力。

在社交媒体快速发展的今天，KOL逐渐成为各大品牌较为常用的营销形式，然而，也并非所有的KOL投放都能收获与投入相匹配的价值。企业需要慎重选择和运用KOL，因为KOL是一个个鲜活的个体，他们的一举一动对品牌的影响是极大的，可以说KOL营销是一把双刃剑。

案 例

2018年5月31日小红书完成了新一轮超过3亿美元的融资，公司估值超过30亿美元，在一众投资机构名单中，电商霸主阿里巴巴和社交巨头腾讯赫然在列。

是什么让这款女性用户占比高达87%，用户年龄集中在

18～35 岁的小众社交软件赢得国内两大资本阿里巴巴和腾讯的青睐呢？我们先来看看小红书的商业运营模式。它是一个以"内容＋电商"的模式运营的线上社区平台，利用各路 KOL 生产高质量图片和原创内容，形成优质 UGC（用户生产的内容）供应，最终引流到电商端进行转化，实现带货和变现成功，形成一个"用户看见内容，进行购买，再分享内容"的闭环。

从小红书的商业运营模式可以看出，对于电商霸主的阿里巴巴来说，小红书中有它缺少的内容价值。这些年来，阿里巴巴的商业模式红利渐渐消退，传统电商流量早已进入了瓶颈期，内容生态对于交易的带动作用变得越来越重要。在市场饱和的情况下，用户在众多产品中选择的时候就很需要一个教化、疏导的过程，内容价值起的就是这么一个作用。小红书的本质就是以内容为驱动的电商平台，其模式被形容是电商中的"大众点评"，当用户不知道如何选择或者买什么的时候，就可以从社区的海量内容中获得参考。因此，小红书所创造的高质量原创内容，正是阿里巴巴所需的内部内容生态。而对于腾讯来说，它一直不缺社交基因，但是缺电商基因，小红书超强的带货和变现能力就是它所看重的。在2018 年小红书周年庆当天，商家开卖两小时后，销售额便达到 1 亿元；在同年 11 月，范冰冰高调入驻小红书，凡是她推荐的物品，价格飙升，销量暴增，卖到断货，甚至各路代购发朋友圈求饶，说实在买不到货了。

因此，在淘宝和京东这两个巨头矗立的今天，小红书还能取得如此骄人的成绩，说明现在的用户更喜欢通过图文或者视频的现身说法来实现他们对购物信息的获取，以一种更接地气、更平易近人的分享方式取代过去高高在上打广告的营销行为，这样更能激发他们的购买欲。而小红书也正是抓住用户的这点需求，打造一个闭环的高质量原创内容生态的商业运营模式。该模式能高效地运转靠的就是 KOL。

五、IP 营销

IP 是知识产权的英文缩写，指的是创造者创造出来的知识产权和独享的专利。这是 IP 最原始也是最基础的定义，经过几年的发展，IP 所代表的内容已经不仅仅局限于知识产权，而是一种可以人格化的，能持续变现、持续延伸的形象或物体。IP 是携带文化属性的，能占领人的心智的，而且有庞大粉丝的，如今大众对 IP 的普遍认知是能够凭自身的吸引力获得流量的独特的知识产权。

2018 年 11 月，中国互联网上最轰动的事件除了"双十一"，就数王思聪的 113 万元抽奖了。这场短短几个小时转发量就超过 1000 万人次的互动，直接就把阿里巴巴为"双十一"精心营销了一个月的锦鲤热度转移了。王思聪的个人微博也凭借这条微博涨了近 1700 万粉丝，而投入的费用仅仅 113 万元，算下来每个粉丝的成本只有不到一毛钱。不得不说王思聪的这波营销实在是太高明了。

其实王思聪的本意并不是为了营销，而是为了庆祝旗下的英雄联盟俱乐部 IG 夺冠，抛开金钱的魅力不说，王思聪本身就是影响力的代名词，就连他在比赛现场吃热狗的照片，不仅能高居微博热搜榜迟迟不下，还能发展出一系列的衍生品，各种模仿和 PS 是最普通的了，还有游戏、视力表、手办、手机壳、T 恤等线上线下产品。不少商家都瞄准了王思聪这个超级 IP 想趁机小捞一笔，这就是 IP 以及 IP 之于企业和品牌的意义，它带来的是流量和无限商机。IP 时代，品牌该如何借力？

1. 选择合适的 IP

越来越多的品牌开始利用 IP 的影响力和粉丝量为自己的品牌引流吸粉，最成功的案例之一莫过于 ofo 小黄车和小黄人的合作。很多品牌都想找 IP 合作，但不是每次都能收到好的效果，ofo 与小黄人的合作却大获成功，为什么呢？选对 IP 是决定性因素。首先，ofo 小黄车与小黄人有着先天的"黄"色基因的匹配。在共享单车颜色大战中，小黄车的黄色尤其显得年轻、有活力，深深印在用户心中。联系小黄人本身那种活泼、呆萌的感觉，两者一拍即合。再者小黄车、小黄人，两者名字雷同，念起来朗朗上口，结合在一起仿佛一对孪生兄弟，毫无违和感，让用户能非常快地接受并自发传播。当然最不能忽视的是小黄人这个强大的 IP 的影响力。2017 年暑期档的电影《神偷奶爸3》热映首周 3 天国内票房突破 4 亿元，无论大人还是小孩都深陷小黄人的魅力中。而小黄车作为较早一批出现的共享单车，早就吸引了大批粉丝，两者合作可以说是相得益彰。所以那段时间，车把前方有两只"大眼"，车身镶嵌着小黄人公仔，车轮还有小黄人图案的小黄车成了大家争相竞"踩"的对象。

当然除了 ofo，其他品牌也不会错过这个超级 IP。富士携手小黄人打造限量版拍立得相机，整个机身仿照小黄人的造型，镜头也以其独特的"大眼睛"呈现，整个形态萌到让人忍不住想买一台收藏；麦当劳不仅开设了小黄人主题餐厅，还推出一系列主题包装及新品，想想咖啡表面的拉花变成了小黄人，是不是都忍不住想去买一杯呢；还有运动品牌彪马联手小黄人设计一系列含有电影元素的童装和鞋子、韩国美妆品牌谜尚推出小黄人联名款化妆品等，这些品牌与超级 IP 的结合都取得了一定的成功。因此一个强大的 IP 是能够助力品牌更上一级的。但是大家有没有发现，与超级 IP 合作的都是一些比较知名，自身也已经有一定流量的品牌，可见一个合适的 IP 是有筛选条件的。

IP 内容与品牌调性需一致

要注意 IP 的内容方向是否和品牌的调性一致或相似。上述提到的这些例子里，虽然品类不一样，但有一个共通点，就是针对的消费群体相对年轻，这与小黄人的调性是一致的，如果是针对老年人的产品，就没有蹭小黄人的流量的必要了。又比如大家十分熟悉的漫威公司，即将与开发《英雄联盟》游戏的拳头公司达成合作关系，将以《英雄联盟》全体英雄背景为故事蓝图，进行全新的漫画制作。这就是一个调性十分一致的合作，《英雄联盟》从游戏到里面的单个角色都是非常有影响力的 IP，他们各有各的技能，各有各的炫酷装备，对于 80 后、90 后来说绝对是大 IP。漫威大家都知道，从漫画到电影，塑造出多少个脍炙人口的英雄，这两者的合作绝对是双赢的。

IP 影响力与品牌实力需匹配

要注意 IP 的影响力是否与品牌自身实力匹配。IP 的影响力有时是把双刃剑，如果自身品牌与之旗鼓相当，两者合作是件锦上添花的事情，但如果 IP 过于强大，品牌相对较弱，两者合作很可能会进入一个影响力黑洞，即合作完之后，不仅相对弱势的品牌的影响力没有什么提升，而且品牌应有的关注度，都被那个黑洞吸走了。因为真正的大 IP，它的姿态及品牌非常强势，它具有非常强烈的吸附效应，除非两者势均力敌，否则很难在这里拿到一些真正该分给品牌的东西。比如前面提到的王思聪吃热狗的衍生品，这些林林总总的衍生品也许能在短期内挣到可观的收益，但是对品牌本身无法产生价值，因为用户只是冲着王思聪这个 IP 迸发了新鲜感，对于品牌用户并不关心。

2. 巧妙植入 IP

不光要选好 IP 还要用好 IP，要注意 IP 的植入方式是否能引起用户的情感共鸣。米奇是一个家喻户晓的超级 IP，90 年来经久不衰，是不少品牌的合作对象。蔻驰设计了米奇系列的包包，周大福设计了米奇造型的吊坠，东方航空设计了一架米奇专机，这些设计对于年轻女孩来说可以让她们的少女心泛滥。再来看故宫这个大 IP 衍生出来的各种 App，《皇帝的一天》以游戏的形式让用户体验"清晨 5 点起床，一天只吃两顿饭"的小皇帝的拼命日常；《每日故宫》不但将日历与藏品相结合，还提供记事功能，这些 App 都很好地兼具了教育性和欣赏性，把故宫内在的文化属性发挥得淋漓尽致，引起用户的情感共鸣。

总结下来，品牌与 IP 联动的确是一个又快又有效地提高品牌知名度的方式，但是品牌对 IP 的选择和使用要慎重，要让 IP 为我所用，而不是被 IP 盖过了风头；要充分地运用 IP，而不是简单粗暴地套用 IP。

案例

"乾隆二十六年，我在故宫射小鹿"这个链接曾经一度风靡朋友圈，引发大量点击和转发。初看标题，让人容易产生是谁在射小鹿、为什么是在故宫射小鹿等联想，激起用户的好奇心进而点击。这是一条以故宫博物院里的一幅《哨鹿图》为故事基础的 H5 广告，由近年来少见能与星巴克竞争不落下风的国内咖啡品牌——瑞幸咖啡，联手故宫这个超级 IP 打造而成。广告中，号称"最善骑射，百步穿杨"的乾隆皇帝的六阿哥，在木兰围场狩猎，追着一只小鹿骑射却屡射屡败，一路追着白鹿直至闯进了故宫的箭亭，进了箭亭的六阿哥原本高兴地以为一定射中白鹿。然而此时，小鹿却不见了，迎面来了一个太监端着一杯咖啡，说："欢迎阿哥驾临瑞幸咖啡"，六阿哥反问："什么妃?"太监答："是宫里新来的瑞幸咖啡。"在这条 H5 的最后，用一个简单而又带着笑点的对话，成功地引出主题，利用故宫这个超级大 IP 为瑞幸咖啡故宫箭亭店的正式开业巧妙地做了一次好宣传，毫无违和感，还让人感到十分新颖有趣。

六、H5 营销

H5 是什么？简单点说是集文字、图片、音乐、视频、链接等多种形式为一体的移动互联网展示页面。H5 营销就是利用 H5 技术开发页面小应用，进行推广营销。其实，它跟我们平时上网的页面在本质上并无差别，相比网上的页面它有着灵动的动画特效、强大的交互应用、丰富的控件等功能。因此它具有用户体验好、传播成本低、社交分享便捷、互动性强等优势。与此同时，随着近几年智能手机等移动设备的快速普及，移动互联网攻城略地，侵蚀着传统互联网，H5 自带的功能属性在当下发挥了相当大的优势。这也是它近几年以迅雷不及掩耳之势蹿红，成为跨平台传播新宠的原因。

H5 的应用在过去几年并不少见，甚至可以说是"花样百出"，除了邀请函、页面小游戏等简单的页面，一些在朋友圈流传甚广的链接，比如建军节风靡朋友圈的一条换脸军装照的链接，其实也是 H5 的一种。近年来，形式多变的 H5 层出不穷，强大的交互功能让 H5 成为企业营销推广的利器。那么企业到底该如何用 H5 进行营销推广呢？

1. 经典幻灯片式

一般来说 H5 营销有三种形式：经典幻灯片式、交互式动画和功能型 H5。其中幻灯片式，是早期最典型的 H5 专题页形式，通过图和内容的千变万化再结合翻页等简单的交互操作，收到类似幻灯片的播放效果。幻灯片式的 H5 制作简单，周期短，成本低，更适合小型的活动邀请、活动相册等小制作。这种形式虽说简单，但十分考验高质量的内容和讲故事的能力。比如滴滴曾经用几张照片串起整套页面，照片采用整屏黑白照片，以滴滴的品牌橙色加以点缀，营造出视觉上简洁有力的冲击感。每切换一张照片，文字逐渐浮现并且文案撰写得十分深入人心，如"有一种信任叫先下车再付款""有一种关心叫等车到了你再下楼"，等等。整个观看的过程中没有其他互动形式，让观众聚焦于内容，通过文案和照片营造陌生人之间的真诚气氛来塑造品牌的正能量形象。虽说这个形式简单，但不要轻视这种形式的传播效果，有的时候它比很多大投入的传播来得有效，若戳中用户的心便很可能收到四两拨千斤的效果。

比如腾讯公益为"99 公益日"所推出的一条《小朋友的画廊》的 H5，其内容都是一些出自自闭症或智障儿童之手的画作，用户可以选择以最低 1 元的价格来购买这些画作的电子版。技术上用简单的左右滑动操作便可欣赏不同的画作，整个流程为简单的四步，"选画→支付→保存图片→朋友圈分享"，传播成本极低，仅用了 9 个小时便完成了 1500 万元募集任务，有 580 多万名网友参与募捐。就是这么一个简单的 H5，放大对社会弱势群体保护心态，戳中用户内心最柔软的那部分，得到了广泛的传播。

2．交互式动画

这与刚刚所提的简单静态图片传播形式截然相反，它是用各种新奇的交互方式吸引人们点击观看，比如除了大家直接联想到的各类游戏，还有短时间内，快速闪过大量文字或图片信息形成视觉冲突、在 H5 页面内视频可以由用户控制故事情节进而决定它的走向，或者是全景场景技术交互体验，等等。这些方式都决定了它有更强的互动性、更高的质量、更具话题性的特征以促成用户分享传播，因而也是各大品牌、媒介的推广首选。由于这种形式制作复杂，制作周期长、成本高，对技术和内容要求高，需要有强大的团队在背后支持。通常来说，一条成型的交互式动画 H5 在制作的过程中要有文案、设计、技术、运营四个部门配合完成，还需要经过多次的效果测试、推倒重来，从策划到成型上线，预计最短也要 1 个月的时间。因此适合一些成熟的互联网公司，用于大型活动或品牌事件的传播、品牌发布，等等。

比如，天猫的一条名为《首个手机话剧团开张了》的 H5，技术上采用视频类内嵌的方式，配合舞台剧的呈现，提供了三个可交互的话剧节目。内容上以清奇画风的话剧方式将身体的不同部分拟人化，通过讲述故事的方式，用诙谐的语言表达出天猫活动的各种亮点，最后据官方数据统计，该 H5 在 3 小时就获得了 500 万的转发量。再如良品铺子发布过的一条采用全景场景技术，名叫《我闯进了马云爸爸的办公室》的 H5。技术上的全景场景技术让用户仿佛置身其中，与内容上营造闯进马云爸爸办公室寻找神秘物件的解密探案的感觉相似，使得用户视觉体验更直观深入，大大增加了娱乐性和新鲜感。最后通过揭秘探案的过程，引出购买零食的主题，自然对接到良品铺子品牌，从而起到宣传效果。

3. 功能型 H5

这个形式与以上所说的幻灯片式和交互式动画有比较大的差别。它的表现形式最主要的不是在于图片、内容、技术，而是更像一个能让用户重复使用的产品。在表现形式上也许并不具备精美的图片、深入人心的文案、创新的技术，等等，但它能满足用户重复使用的需求，这点特性是以上两种 H5 形式不具备的。功能型 H5 虽然制作不难，成本也不高，但成功的关键不在于技术、文案这些方面，而在于对用户需求的把握以及后续的运营。制作一个功能型的 H5 比制作一个 App 的成本更低，所以比较适合品牌账号的粉丝运营，提高粉丝的活跃度和忠诚度。比如神州专车推出过一条名叫《今晚加班，来这里打卡领券吧》的 H5，以现在都市白领加班的工作状态为出发点，推出一款每天能领券的加班打卡机 H5 页面活动，让用户得到优惠进行体验的同时通过打卡这步操作形成消费习惯。一来戳中现在许多上班族加班的心理活动，把这条 H5 转发在朋友圈等社交媒体上，让领导或者老板知道他仍在加班。二是带有优惠福利，吸引人群参与打卡活动。

以上是对 H5 营销的三种比较普遍和实用的形式的简要介绍，企业和品牌可以根据自身条件和需求对号入座，选择适合自己的形式，当中提到的不少案例也可以作为参考借鉴。但是不管是哪种形式，我们不难发现技术和内容始终是 H5 不可或缺的两个因素，甚至采用什么形式、呈现什么效果、需要怎样的技术，也是围绕着内容而定，所以要想让你的 H5 能得到大众的喜爱，还得从用户心理出发。

第五步

销售团队打造

　　现代企业已经不再推崇单打独斗的个人英雄主义，更强调发挥团队协作的精神，建立群体意识，因此也要求企业有一支精锐的团队，有随时应战的觉悟，有快刀斩乱麻的能力，还有协同作战的精神。

一、你的销售团队合格吗

销售人员遍布各行各业，在产品和服务都是优质的前提下，好的销售人员不但能带来销售额，还能提高用户对品牌和企业的忠诚度。我们拿服装行业的销售人员来说，有的销售人员是顾客试什么衣服就推荐什么衣服，不合适也说合适，有的销售人员却能给顾客推荐相似风格的衣服甚至是帮顾客搭配，满足了顾客的需求进而为自家品牌加分，前一种销售人员关心的是能不能成交的问题，后一种销售人员关心的却是成交多少件的问题，足见一个好的销售人员的重要性。

1. 销售人员的三种类型

企业都想要一支优秀的销售团队，但是好的销售人员却不是随便能找到的，我见过很多企业的销售团队，人员素质是参差不齐的：有的销售人员一上来就推销产品，不管客户有没有需求；有的销售人员只知道推销自己的产品，对其他东西一无所知，无论客户说什么都只强调自己的产品；还有的销售人员是客户问什么就回答什么，一不小心就被问个一干二净，连底牌都丢了。这样的销售人员不但不能给企业带来价值，还有可能损害企业的利益。这就跟到医院看病是一个道理，A 医生只听你讲，不诊断也不验证就开药方让你去缴费拿药了，B 医生则是不管你还说了什么其他症状，他只负责给你开感冒药处方，C 医生呢，明明只是得了个感冒，却能给你说一堆没有的病。

未来学家约翰·奈斯比特有一句名言说得非常有道理："销售和行医一样，没有诊断就开处方就是渎职。"企业需要的不是只会背产品介绍的销售人员，而是不光会聆听，还会给客户分析，又会给客户建议的销售人员。这就跟我们都喜欢找不光给你讲表面的症状，还给你分析潜在的问题，并提出治疗方法的医生一样。要鉴定你的销售团队是否合格，首先要鉴定一下销售人员属于哪种类型。

只懂回答型

总的来说，常见的销售人员有三种类型，第一种类型是只懂回答型。这当中又分两种，一种是咬定自己产品不放松型，别人问他是做什么的，他回答我是做车身广告的，别人问他做不做 T 牌广告，他回答我是做车身广告的，别人再问他 T 牌广告跟车身广告哪个效果好，他还是只回答我是做车身广告的，反正就是不管你问什么，我只说我的，多的不会说可能也说不出来，这样的销售除非客户特别需要车身广告不可，否则很难成交。还有一种是你问我答型，别人问什么就回答什么，这样的销售人员也很难成交。

只懂出击型

第二种类型是只懂出击型，可以说跟只懂回答型销售人员完全相反，这种类型的销售人员是不让客户说，只顾自己说，看到客户不管三七二十一上去先介绍一通，结果讲半天可能才发现对方根本不需要这个东西。这种类型的销售人员我们在电话营销里遇到的最多，不管我们怎么说不需要、没需求，对方都孜孜不倦、不管不顾地推销。这种类型的销售人员比起第一种只懂回答型，更容易产生反效果，在这个客户没有耐性、忠诚度也不高的时代，一旦让客户产生反感，再想他给你接触的机会就难了，因此主动出击不是不可以，但要懂得收放自如。

会问会听会讲型

第三种类型就是前两种类型的结合版，也是最聪明的一类，是会问会听会讲型，懂得观察客户的脸色，判断他对自己讲的内容感不感兴趣；懂得聆听客户的问题和需求，然后引导客户对自己的产品产生兴趣；懂得有技巧地询问客户，找到成交的切入点；还懂得根据客户的情况给出综合的解决方案，而非就产品卖产品。当然要做到如此全能，没有一点高度和厚度是不行的，高度是一个人的见识，决定了他能否招架得住形形色色的客户；厚度是一个人的知识面，决定了他能否解答客户的种种疑问。还是以医生为例，有厚度的医生能治病，有高度的医生却能面对疑难杂症依然淡定，因为他见多识广，病人自然就更信任他了。

2. 人才引入方法

这三种类型的销售人员的风格截然不同，显然企业都想要招聘到第三类销售人员，但实际上，由于人才紧缺，现在很多中小企业的招聘过程都大大简化，以前可能先要经过人事经理面试，再到销售部经理面试，甚至最后还要老板亲自面试，现在过程简化到只要人事经理面试觉得可以了就算通过了，但其实人事经理可能从来没有做过销售甚至没有对接过客户，连面试形式都是以对话聊天为主，根本无法测试面试者是否有足够的销售能力，是否是个优秀的销售人员。

如今招聘难的问题使得标准一再降低，甚至还有企业抱着"人进来了之后再教也可以"的想法，这当然不是不可以，但很难操作，可能 10 个当中能教出 1 个，教完还担心他会跑掉，因此最初的筛选把关是非常重要的，简化了前面的过程，只是换了个方式把后续的指导复杂化，从时间成本和效益成本来算是不划算的。

这里建议面试过程可以设置两到三轮，人事经理的面谈是最基础的了，还可以采用无领导小组讨论面试、情景模拟面试、答辩与演讲式面试等方法，考察一个人在短时间内的反应能力和解决问题的能力，全方位考核筛选，保证招聘的人员符合公司要求，如果有必要，还可以请总监或总经理去做最后的面试。

当然了，还有另一个办法去吸纳人才，那就是打造响亮的品牌，然后用品牌"引进来，走出去"。品牌是企业和产品在用户心中的烙印，在销售人员没有加入之前，他们也是用户群体中的一员，品牌够响亮，吸纳的人才质量也会更高。同时因为品牌已经深深植入消费者心目中，用品牌把用户、销售人员轻松引进来，又用品牌让销售人员轻松走出去。

其实品牌与销售是相辅相成的，品牌做得响亮，销售就好做，要求也相对没那么高；如果没有响亮的品牌，那么就需要好的销售人员，把产品、服务塑造好，也能给品牌带来好的影响。

二、打造狼性团队

英国动物学家绍·艾利斯曾经说过："在所有哺乳动物中，最有情感的，莫过于狼；最有韧性的，莫过于狼；最有成就的，还是莫过于狼。"在动物世界里，狼不打无准备之仗，踩点、埋伏、攻击、打围，组织周密，而且善于协同作战，很有团队精神，甚至为了胜利粉身碎骨也在所不惜。

现代企业已经不再推崇单打独斗的个人英雄主义，更强调发挥团队协作的精神，建立群体意识，因此也要求企业有一支精锐的狼性团队，有随时应战的觉悟，有快刀斩乱麻的能力，还有协同作战的精神。

1. 合理配置团队

在一个成功的团队里，可能并不需要每个人都是精英，但一定是每个人都有着重要的角色担当，并且形成互补。

《西游记》里的取经团队，由如来佛祖和观音菩萨组建而成，众所周知，团队成员有唐僧、孙悟空、猪八戒、沙僧。若把这四个角色代入如今的企业团队角色中，唐僧是经理或者项目带头人，孙悟空是核心技术人员或者是业务能手，猪八戒和沙僧则是基层员工。

为什么唐僧是经理或者项目带头人呢？ 论能力他降妖除魔的本能远远没有孙悟空强，但回想一下剧情，如果不是唐僧一路坚持，这个取经项目恐怕早已失败，整个项目一直是靠唐僧强大的执行力和领导力完成的。虽然他核心能力不足，但坚持信仰，坚贞不二，是整个团队的精神领袖。这种精神是提高团队士气最重要的因素，无论在取经路上遇到什么样的艰难险阻，唐僧一直对实现目标怀有坚定的信念，抱着"不取真经，誓不还乡"的决心走下去。而孙悟空能力倒是有了，并且还很出众。他拥有 72 般变化，一路上降妖除魔，几乎以一己之力在保障这个团队前行，但是他信仰不够坚定，好几次差点脱离团队跑回花果山。最后还是在唐僧的感召下，才有了信仰，有了团队荣誉感，完成自己的使命。至于猪八戒和沙僧，看起来是两个普通员工，可有可无，但实际上都发挥着不可替代的作用。

说到猪八戒，让人印象最深刻的是他好吃懒做，贪财好色，就像在一些管理不严的企业中，常常偷懒、迟到、早退等不思进取的"老油条"员工。虽说猪八戒有不少缺点，但在团队中他是处理人际关系的高手。每次孙悟空闯祸了，唐僧一气之下把他撵走后，都是猪八戒安抚唐僧，然后去把孙悟空哄回来。这就好比在一个团队中有唱红脸的有唱白脸的，作为管理者的唐僧面对员工犯错，肯定要摆脸色搞惩罚，但是孙悟空这样有能力的员工往往桀骜不驯，不服管教，甚至一气之下打算离开团队，在这时就很需要一个高情商的团队成员唱红脸，充当团队的润滑剂，消除内部摩擦。

而沙僧呢，让人印象最深刻的就是他总是挑着担子，本事不大但对团队价值观强烈认同，勤勤恳恳、任劳任怨、忠诚可靠。沙僧犹如整个公司的后勤保障员工，保障整个团队基础的日常服务，如果没有他的话，孙悟空高兴时挑担子，不高兴就撂挑子，粗心大意的猪八戒可能会把担子遗忘在路边，这显然不靠谱，所以别看沙僧本事不大，但一个团队里"苦力"亦是不可缺少的。

所以说，一个能成功的团队不是要精英汇聚，而是要有合理构成，他们应该是具有共同的目标和有互补技能的一群人。而我们可以按照一定的特征去选人，做事果断，有执行力和团队精神，只有具备这种特征，才经得起竞争中的厮杀，经得住时间的考验，并让每个人都能找到自己在团队中的定位，将自己的价值最大化。

2. 知人善任

著名管理顾问尼尔森认为，未来企业经营的重要趋势之一是管理者不再扮演权威角色，只有间接引爆员工潜力，企业才能创造最佳效益。

作为管理者，不仅要看到个人的能力和作用，更重要的是要能正确看待每个人的个性及差异，将不同类型的人才进行合理搭配，并把他们放在最合适的位置，互补互助，相互启发，才能形成一个有机整体。通过这样合理的搭配来弥补团队中个体自身的不足，以实现团队效能最大化。

知人善任这个词相信很多管理者耳熟能详，首先在于知人，其次才是善任。知人当中又分知己和知彼，先知己后知彼。很多管理者往往只看到员工的优劣，却不能清楚认知自身状况，因而对人才有所防备，反而限制了公司的进步。

《西游记》里的猪八戒和沙僧并没有孙悟空这样出类拔萃的能力，但放在沟通协调、后勤保障的位置上，绝对比孙悟空更胜一筹。一个团队如果全是大大咧咧往前冲、不会瞻前顾后的人是不行的，也许如来佛祖和观音菩萨就是考虑到这点，把专业技能不强的八戒和沙僧安排了进去。这就像企业内部有不同的职位，承担不同的职责，我们不是要给每个职位都配置最顶尖的人，而是要优化配置最顶尖的团队。因此企业在选人用人的时候就不能对人提出一概而论的要求，不要过度拘泥一些形式主义的东西，特别是对于创业公司而言，甚至不需要问他从哪里来，不用问他有何种经历，只要他适合这个岗位就可以用。

　　管理学大师彼得·德鲁克说过，管理者的任务不是去改变人，而在于运用每个人的才干。因此，作为管理者最大的才能是能清楚地了解自己和下属，把他们放在适当的位置上，用人不疑，让他们最大限度地发挥自己的才能，形成一个最佳组合。

3. 建立狼性团队管理系统

　　团队经过优化设计后，整体功能能够大于部分之和，即达到 1 +1 >2 的效果。但是很多企业管理团队，只做到了"管"，只会指挥下命令，却没有做到"理"，缺乏对团队的梳理和调理。那具有魄力的团队该如何管理呢？ 这时就需要一个"团队管理系统"，这个系统包含四个子系统，分别是：团队组织系统、PDCA 循环管理系统、奖罚激励系统和监督管理系统。

　　团队组织系统

　　团队组织系统强调重复性的培训，通过重复性的培训，强化团队，使得团队更加专业化和职能化。然后是思想的导入，团队组织的目的是将散乱的个体拧成一股绳，并统一团队的目标、愿景、使命以及价值观。通过管理者的引导，整个团队具备共同的作战思想。

PDCA 循环管理系统

PDCA 循环又叫戴明环，是美国质量管理专家戴明博士完善优化后提出的，它是全面质量管理所应遵循的科学程序。而我们对于团队的管理，也可以运用这个循环管理系统。P（Plan）即是计划，在团队管理中需要进行目标制定和分解，总的业绩目标可以根据公司年度的经营计划进行分解和确定，一旦确定下来就需要将大目标根据团队的组织结构进行逐级分解，并要求每位团队成员根据自己的目标进行计划分解，即月度/周度的计划，最终明确目标计划并进行确认。D（Do）即是执行，根据已知的信息，设计具体的方法、方案和计划布局，再根据设计和布局，进行具体运作，实现计划中的目标任务。C（Check）即是检查，总结执行计划的结果，明确效果，找出问题，总结经验。A（Action）即是行动，对总结的结果进行处理，对成功的经验加以肯定，并予以标准化；对于失败的教训也要总结，引以为戒。PDCA 循环管理系统不是运行一次就完结了，而是周而复始地进行，将未解决的问题和新的问题，放到下一个 PDCA 循环管理过程，再进行循环，以此类推。但是，它在循环过程中，不是停留在一个水平面上进行的，而是随着问题的解决，形成一个螺旋式上升的过程。

奖罚激励系统

奖要奖得心动，罚要罚得心痛。制定奖罚激励标准的关键还在于考核制度的建立，即给团队的每位成员创造在执行过程中的动力和压力。可将考核分为日常考核和月度考核甚至年度考核，考核的目的主要是对日常工作完成情况的监督管理，可以针对出勤情况、目标完成情况以及其他突出表现进行考核。除了建立完整的考核制度，还需要建立早晚会议制度与奖惩制度同步执行。一般来说，早会主要进行工作任务分配和员工鼓舞士气，晚会主要进行工作结果的检查以及进行即时即地的惩罚和奖励，做到奖要及时，罚不过夜。

监督管理系统

当整个团队走上正轨之后，你要做的就是监督管理的工作。监督管理的过程其实是一个沟通的过程。团队内部的沟通有利于增加彼此的信任感，不会让不良的风气影响到团队。很多团队都毁于团队内部的怀疑和猜忌，这就是团队缺少沟通交流的结果。因此，在监督管理团队过程中，要看看哪里有"火苗"，哪里有"恶气"，要及时地介入，通过有效的沟通交流，减少彼此的冲突，并不断优化调整战术，使得团队都能"满载而归"。

案 例

提到善于组织团队的人，汉高祖刘邦当属高手。这位中国历史上第一个平民皇帝，文不能书，武不能战，智不比张良，勇不如韩信，才不敌萧何，靠的就是会聚人，会用人，把天下有才之人集结在自己的周围，再趁秦末暴乱之际，兴汉灭秦，成就大业。纵观刘邦的用人之道，他将"知人善任"一词发挥得淋漓尽致。

韩信在跟随项羽的时候，没有得到信任，在投奔刘邦后，刘邦不但没有怀疑他，反而给予了他施展的平台，让韩信心服口服地归顺他。正是因为刘邦对自己和手下的人都有深刻的认识，清楚地知道自身的优势和劣势，也清楚地知道下属有什么才能，有什么性格、特征、长处等，把他们放在适合的位置上，才能让他们最大限度地、充分地发挥自己的才能和积极性。

再看刘邦的团队，上到身为贵族的张良、县吏萧何，下到游士陈平、屠夫樊哙、商贩灌婴、车夫娄敬、强盗彭越等，他们拥有不同的身份地位、不同的技能，都被刘邦收到麾下，并且文臣武将各得其所，各司其职，就是归功于刘邦能够善任。

三、如何管理团队

你的企业里是 60 后、70 后的员工多，还是 80 后、90 后的员工多？毫无疑问，80 后、90 后已经成为社会的中坚力量，占据了中国劳动力人口的相当大一部分，他们也自然成为企业里的中坚力量。这个群体很有活力，同时也很有个性，会听你的意见，但也很能坚持自己的主见。面对这样一群生力军，如何才能管理好他们，让他们更好地为企业服务呢？

1. 了解你的员工

80后、90后与60后、70后不同，他们是享受改革开放成果的一代，他们的世界不再充斥着温饱问题，而是有很多新事物供他们选择。尤其是随着互联网的发展，大量的信息每天都在更新，他们接收的外界资讯相比60后、70后多得多，想法因此也比60后、70后多得多。我们今天可以看到，这群中坚力量能力很强，也很自我，他们不是为管理者工作，他们是为自己。他们重视发展空间、晋升机会、技能提升和工作保障，而当这些得不到满足的时候，他们会选择跳槽。而60后、70后与之相比，对上级比较依赖与信任，服从意识相对就较强。

因此在过去管理员工，注重管理行为，在现在，用传统的管理模式去规范、约束和改造80后、90后几乎是不可能的事情了，要尊重他们，给他们足够的空间，用一个词来概括，那就是"经营人心"。

2. 经营人心

经营人心，就是从员工的需求出发，多迎合他们的心态，才能让他们为我们所用。

营造快乐的工作氛围

80 后、90 后员工的职场观念是：要工作，也要生活，更要快乐地工作和生活。他们更注重自身的感觉，需要的是一个能让他们感觉轻松愉悦的工作环境，而非沉闷、压抑的环境。

给予足够的空间

要经营人心，就要给予员工更多的关爱和空间。 在这方面我的一位经营工厂的老板朋友就做得很好，每年过春节他从不压工资，也不拖延工时，而是安排员工尽早完成订单，让他们有足够的资金和时间回家过年，让他们能跟家人多些时间相处。

建立一种平等文化

80 后、90 后员工不喜欢管理者高高在上，喜欢彼此平等与尊重。这就更需要营造出开放、平等的沟通氛围，让他们愿意主动沟通。作为管理者，应该放下你的权威及所谓的"尊严"，积极与他们交流和沟通。他们通常不会因为你的年龄与资历绝对地服从你，他们会根据自己的判断，接受你的某些观念与行为。命令式的军事化管理对他们并不能产生积极的作用，即使表面选择顺从，在他的内心深处也是有反抗情绪的，一旦到达忍无可忍的地步，他就会出现"火山爆发"的情形。

照顾他们的情绪

有部分 80 后、90 后员工因情绪问题而成为管理的"麻烦制造者"，要是处理不好，容易"鸡飞蛋打"。要建立以人为本的工作环境，尊重、体谅、了解他们。因此，管理者要加强对管理技巧的运用，多采用鼓励性而非谴责式的管理方式。同时，管理者不能单方面地要求他们适应自己，而要采取主动的姿态去适应他们。但适应不是迁就，而是原则性地开放与融合。

3．仪式感

仪式感在一定程度上能够增强企业的活力，创造更加活跃的氛围，从而带来意想不到的突破。

但现在许多中小企业并不那么注重仪式感。本应每天进行的早会，因为大家觉得枯燥而取消；本应定期开展的聚会，因为大家嫌麻烦而取消；甚至连一些庆功宴或周年庆都直接用奖金代替。你会发现一个不重视仪式感的企业，久而久之便会失去应有的活力，而其员工也会慢慢失去工作的积极性而变得死气沉沉。

我们企业的员工大部分是 80 后、90 后，他们生来就处于物质相对富足的时代，仪式感与精神追求是他们生活的一部分，生日、成年礼、升学仪式、毕业典礼，人生处处都是满满的仪式感。参加工作，走进公司，对仪式感的要求自然也是必不可少，因而仪式感在企业管理中发挥着越来越重要的作用。

仪式感在企业管理中的作用总结为四个词八个字：传达、强化、奖惩、凝聚。

传达

传达一般是指将上级的指示告知下级。一般国有企业特别重视这方面的工作，在人员任命、制度颁发、人员奖惩等方面一般采用红头文件发放。现在民营企业则很少用红头文件的形式来做这些事情，但是即便如此也不应过于简单，比如人员任命与制度颁发，都应该有一个正式的公告程序，不应仅仅以口头宣布甚至私下授权的方式就予以解决，这样不容易树立制度与新任命人员的权威，也不利于制度的执行以及新任命人员工作的开展。

强化

仪式感在企业管理中还能起到强化的作用。我认识一位房地产销售经理，每天早上他都会集合销售团队喊一遍口号，这样既可以让大家提起精神来开展一天的工作，又可以让大家将

企业文化、团队目标牢记心中。这种每天早上的喊口号的行为
其实就是一种仪式，是企业具有仪式感的体现。很多的企业在
早期都会定期组织员工一起阅读或学习公司文化章程，等大家
都牢记于心，就不再组织这样的活动了。要知道人的记忆是会
随着时间的推移慢慢淡化的，一旦时间长了就会遗忘。再加上
企业在发展过程中总会发生人员的调整，可能一些新来的员工
根本就不知道企业文化和理念到底是什么。因此企业应当适时
开展一些类似这样具有仪式感的活动，以强化员工对于企业文
化、理念和工作目标的记忆。

奖惩

企业的奖惩也应当具有仪式感。很多企业都拥有自己的奖
惩制度，对于为企业做出重大贡献的员工，企业会给予奖励，
对于一些违反企业制度的员工则会给予惩罚。但很多企业奖惩
的方式只是简单的发放奖金或扣减工资，有的奖惩直到当事人
看了工资条才知道，那这样的奖惩又有什么意义呢？　而那些
将"仪式感"充分运用到奖惩制度中的企业则不同，它们会在
月度、半年度、年度设置各种各样的奖罚项目。对于获奖的员
工除了给予物质奖励外，还会颁发奖牌、流动红旗等。对于严
重违反公司制度的员工则会贴出告示以示警告。奖惩中的仪式
感能让得到奖励的员工感受到公司的重视，从而更加努力地为
公司做贡献。被惩罚的员工则能清楚地认识到错误，及时纠

正，这也能让别的员工引以为戒。

凝聚

凝聚就是指团体的凝聚力。每个企业都是一个团体，团体的合作最讲究凝聚力，而凝聚力还是要依靠像公司周年庆、年会以及定期举办的部门聚会等这样的活动来提高。仪式感强的公司会非常重视这类活动的举办。有的公司每年定期都会举办一些活动，例如一起烧烤、唱歌、旅游等，目的是想让大家利用假期愉悦身心，但最主要的还是希望通过举办这样的活动提升团队的凝聚力和协作性。员工平日上班很少有机会通过交流增进感情，如果企业又因为怕麻烦不举办这样的活动，那团体的凝聚力从何而来？

企业管理要以人为本，而企业中"仪式感"的存在正是企业重视员工的表现。员工在一个被重视的环境中工作自然会更加努力。员工的积极性被调动起来，企业自然也会朝气蓬勃。

案 例

在我们公司，经常会召集项目组进行头脑风暴，我们给这样的会议起了个名字叫"梳头会"。就是每次开会的时候拿一把很大的牛角梳往桌子上一放。轮到谁讲了，谁就拿起梳子来梳两下，好像这样就会厘清大脑思路，产生各种各样的好创意。其实，梳头更像是一种活跃氛围、放松精神的"仪式"。人在精神放松的情况下，更能产生灵感。如果一群人在那里绞尽脑汁、愁眉苦脸的，反而憋不出什么东西。

四、员工有"私心"怎么办

《独立宣言》的发表标志着美国的诞生，而在《独立宣言》发表前四个月，一本奠定自由经济思想的经典著作问世了，那就是"现代经济学之父"亚当·斯密的《国富论》。

《国富论》的中心思想在于：在社会行为中，每个人的行为都是由"利己心"出发的，每个人都知道自己的利益所在，都会使自己利益最大化。在国家不加以干涉的情况下，个人可以根据自己的理性判断达到个人利益最大化，在自由竞争的前提下，人人为实现个人利益就不得不考虑并非本意所要关心的他人利益，从而整个社会的经济活动就形成了一个相互联系的环，为"利己"必先"利他"。换句话说，人们这种追求利益为中心的经济活动，将推动经济和国民财富的增长，最终为整个社会带来福利。

今天美国的强大，离不开国家对个人权利的重视，对个人行为的开放和个人利益的保护，更离不开这种"利己心"的促进。传统思想认为"利己心"是不好的，却忽略了它也有好的一面，如果按照《国富论》的思想，"利己"也可能是"利他"，也就是说，如果充分推动个体的这份"利己心"，让它在正确的路径上生长，最终能成就一个集体的进步。我们可以大胆假设，其实这个思想同样适用于企业管理，甚至更可能成为促进企业发展的利剑。

1. 让"私心"成为动力

首先，一个企业不可能要求每个人都能像老板一样拼命，为了企业奋不顾身、起早贪黑，因为在选择每份工作之前员工一定是带有某种私心的。比如他看中了企业离家近，或是觉得这份工作薪水高，又或是他觉得在这家企业他能发挥所长，施展他的抱负，等等。员工不会关心企业怎么样能赚更多的钱、老板难不难做，只会关心自己的薪水能不能按期按量拿到手，自己有没有晋升的机会，进步的空间等。如果他的私心没有得到满足，要不就是会浑浑噩噩地工作，要不就是会换一份工作，而最坏的结果还可能会对企业造成损失。

其次，没有人跟老板是一模一样的。老板招来一个员工，总希望他能够按照自己的方式做事，给他定一个自己想要的目标，再要求对方完成。但实际上再优秀、再有能力的员工，也无法复制老板本人。老板能做的事情，这个员工未必能做，当然员工能做的事情老板未必能做。

既然这样，为什么我们不借用《国富论》的思想，给予员工最大的自由，让员工充分施展个人能力呢？这样做有两个好处，第一，让员工更有动力。如果你告诉员工你的梦想，企业的愿景，而员工却无动于衷，但如果在你的蓝图里有他实现自己的梦想的机会和空间，他就有动力了。第二，让员工更有创造力。在企业管理中，很多老板都习惯了大包大揽，单打独斗，对下属不放权、不放手、不放心。这样的结果就是老板从天亮到天黑，恨不得24小时当作48小时来用，而员工却很闲，天亮就等着天黑。究其原因，不外乎以下两点。

一是不敢放权，即对手下的人心里没底，不能充分信任他们，不放心直接把事情交到他们手中，尤其在面对新项目时，由于面对许多未知情况，老板往往认为团队成员都不懂、不会，担心一旦出现失误就会使项目甚至企业陷入困境。

二是不想放权，老板怕自己失去对企业的控制，这对长期在企业内部一言九鼎的老板来说是个相当大的挑战。

在放权的时候，最容易看到员工的成绩和能力的时候，如果是有能力的，尽管放权，他会给你惊喜；如果是没有能力的，一旦放权了，也能检验出他到底是不是你想要的人。所以尽管大胆放权，给予他们权力和空间，去让他们为了自己的目标而努力，这样才是真正"利己"进而"利他"。

如何放权？

回想起创办华为的历程，任正非表示，事在人为，一个人的力量是薄弱的，几十人、几百人、几千人为了一个目标共同奋斗，成功的概率才更大。但是放手，并不是撒手不管了，而是有技巧地放。

明确绩效指标与期限

在放权给员工之前，首先要让他们了解自己必须完成哪些具体目标，以及在什么时间内完成。清楚了这些才有基本的行动方向。放手不是单单把事情丢给员工，还要让他明白管理者的期望是什么。

找对你打算放权的人

你所指定的人，如果经验多但对该项任务不擅长或者意愿较低，未必比经验较浅、有心学习而跃跃欲试的人更合适，因此不要怕对年轻员工或是新员工放开双手，反而要多把机会给他们，他们的创造力远远超乎我们的想象。

放权不一定是大事

即使只是一件再寻常不过的小事，也可以"放权"，未必一定要是什么大方案、大计划，才能放权。尤其对新员工，从小事开始放权，可以培养他们负责任的态度，建立他们的自信。

适时关切进度

放手意味着不必紧迫地盯人，但仍要注意员工的状态，适时给予"这样不错""那样可能会比较好"之类的意见提点，关键时刻把握大方向和进度。

设立支持措施

告诉员工，当他们有困难时，可以向谁求助，并且能向他们提供需要的支持。

2. 正面推动这种"个人主义"

1978 年，我国实行改革开放。实行改革开放就是指明一个大方向，提供一个公平开放的环境。个人的聪明才智因此被极大地释放出来。企业要正面推动这种"个人主义"，其实就跟改革开放的做法一样。

让员工了解企业

让员工了解企业的愿景，企业的文化，企业的目标，对企业有一份认同感。如果他有这份认同感，即便他不一定会为企业的目标而努力，他也会在这个目标当中寻找他想追求的东西，然后为之努力。

建立公平公正的环境

建立一个公平公正的环境。很多人才之所以会被埋没，很多时候是因为缺乏展示的机会，特别是在级别比较分明的企业，下层员工可能会受到上级主管的约束，导致他们不能真正施展自己的才能。这就需要企业提供一个公平公正的环境，给员工制造更多展示的机会，让他主动贡献自己的"真材实料"。

建立完善的奖罚制度

建立完善的奖罚制度，这也是建立公平公正环境的必要措施。企业要有奖有罚，让员工既有动力，也有约束力，知道在什么范围之内可以去做一些尝试，让他们获取更大的利益。这样员工自然就会更加努力，最终实现企业自身的提升和跨越。

案 例

万科的王石曾经出过一本书，叫作《王石说：我的成功是别人不再需要我》，讲的是王石如何从"事必躬亲"变为"甩手掌柜"。

王石在书中写到，他辞去总经理职务后的第二天，还像往常一样去公司上班。到了办公室后觉得特别冷清，感觉不对劲，问了秘书，才知道大家都在开总经理办公会议。王石才意识到自己已经不是总经理了。在大家开会的那段时间里，王石"在办公室踱来踱去、抓耳挠腮，竟不知该做什么好"。据王石自己说，他当时有不请自来，冲进会议室去的强烈冲动。但考虑这可能不利于新任总经理今后独立自主地开展工作，费了九牛二虎之力，才算把自己给摁住了。但"那种感觉就好像前一天还意气风发、指点江山，第二天就让你挂着个拐棍去公园里散步，拿些老照片追忆似水年华，顺便思考思考人生"一样。

所以当总经理说要前来汇报的那天，王石觉得"扬眉吐气"的机会终于来了。总经理说要报告七个要点，而他刚说到第三点时，王石便将他打断，把四至七点给他讲了。这让王石一下子把成就感找回来了。于是，到了第二次总经理来汇报的时候，王石如法炮制，没等他说完第三点，王石就自己说了接下来的几点以及相应存在的问题。这样，到第三次再来办公室汇报时，总经理的眼睛不再放光，整个人的状态也不对了。

这下王石开始意识到有问题了，而且这个问题还是出在自己身上。王石开始反思：既然自己是真心想把权力交出去的，为什么还老不放心？刚开始当家，总经理和他的团队肯定会犯些错误，但自己也是从不断地犯错中成长起来的，为什么就不能允许他们犯错误？王石意识到一个很重要的问题：如果还不等他们思考，就直接指出问题，他们就不会再去花心思、动脑筋；如果在最初就对问题进行纠正，他们就不会意识到后果的严重性，也不可能有进步。

于是经过一番痛苦的挣扎、适应，王石终于在观点上完成从"没了我地球就不转"到"没了我地球照样转"的进化。

五、核心团队要"另立门户"怎么办

当一家公司越做越大时，下面会有很多分支公司，继而会遇到这样的状况：其中一家分公司的业绩越做越好，当公司想要实行规范化管理时，这家分公司就不愿意了，想要继续维持自己的制度和方式，还说保证能达到目标。这种情况尤其在销售型的公司比较普遍，有的可能是分公司业绩突出，有的可能是某个业务员业绩突出。因为这种类型的公司，初期都是通过不断拓展人际关系扩大销售，时间久了就容易形成一方诸侯的局面，比如某个地区的分公司业绩特别突出，几乎占了集团年销售额的五分之一等诸如此类。当公司开始意识到这样发展下去不利于管理，想要通过一些措施去强化管理时，自由惯了的业务能手当然就不买账了。那么该怎么办？

1.战略层面强化品牌

公司遇到这种情况可以从两个局面来解决，战略层面以及战术层面。战略层面是从公司的根本入手，确立一个统一的品牌。过去公司的发展依靠人，业务员凭自己的一张嘴去说动客户，签到的客户自然就掌握在业务员手里。客户固然是信任这个企业的，但是更加相信业务员，因此造就了业务员乃至分公司的有恃无恐。因此公司要想整顿这样的局面，就需要树立起很强的品牌标识，打造一个响亮的品牌，这样合作的客户就是被品牌吸引而来，而不是靠业务员去说动，如此一来，想要管理这些分公司和业务员就简单多了。

而打造响亮的品牌最好的办法就是打造老板的个人 IP，也就是让老板出名，让客户和用户知道是谁在做这个品牌，自己跟谁在做生意。当老板成为品牌的代表，业务员的光环就不明显了，管理起来自然就容易了。假如你是你们公司最大的业务员，你们公司的订单和业务主要是你在负责，那你更应该在个人品牌上下功夫。因为你每时每刻都是你公司和产品的代言人，产品好不好，用了才知道，服务好不好，买了才知道，但你的个人形象一看就知道，试想一下，当你向客户递上名片，客户百度上一搜，全是你的正面的新闻报道和专访视频，这时，就算你还没说话，成交的天平可能已经向你倾斜了。

2. 战术层面统一思想

但是正所谓"上有政策，下有对策"，上面统一了品牌、集中了管理，就势必影响了下面的人的利益，即便有战略层面的规划，下面的人也有可能仍旧做自己那一套，因此对下属公司也要有相应的战术。

成立内部商学院

内部商学院的作用就是加强思想层面的管理。成立内部商学院有利于形成统一的企业文化，提升业务人员的素质，让他们产生对企业的认同感。但是如果只是由总经理助理或人事部门去成立这个商学院，很容易出现人心不齐的情况。要成立商学院就要让老板带头参加商学院，认同商学院的价值，这样这些业务能手们才会有参加的动力。

适当地为团队换换血

当企业要进行改革时，团队里通常有 20% 的人是持坚决反对意见的，因为改革触犯了他们的利益，只有 20% 的人是坚决支持的，剩下的 60% 是摇摆不定或是没有自己的想法的。那么最好的做法是砍掉坚决反对的 20% 的人，招纳新的人来进行换血，扶持支持的 20% 的人，剩下 60% 的人自然就会向扶持的梯队靠拢。

战略层面打造响亮的品牌做对外的窗口，战术层面统一团队思想，这个问题就迎刃而解了。

六、保持企业长线稳定发展

由中华全国工商联合会编写的《中国民营企业发展报告》蓝皮书里写道，中国民营企业的平均生命周期只有 2.9 年，有 60% 的民营企业在 5 年内破产，85% 的民营企业在 10 年内消亡。如此刺眼的数据让在经营企业的老板们如坐针毡。创业是不容易的，谁都不希望一夕坍塌，化为乌有。那么有什么方法可以帮助企业延长自己的寿命呢？

1. 避免企业"深井病"

"深井病"这个词出自目前市面上很火的一本名叫《赋能》的书，作者斯坦利·麦克里斯特尔是前驻阿富汗美军和北约国际安全援助部队最高指挥官，曾多次参与特种作战。他在书中以大篇幅的内容描述了美国特种部队如何改造组织与作战方法，应对看起来无组织无纪律的对手。

而"深井病"指的就是组织管理中的一种病态，就是一个组织在不断扩大的过程中，每个小团体都活在一个深井里面，大家各自为政，相互独立，甚至团体与团体之间都在争资源，只盯着整个组织的顶层领导者，只有顶层的领导者能指挥这些小团体。只要领导不发号施令，基层的这些小团体，即使发生问题，宁可不作为，也不犯错。这就是所谓的"深井病"。

这种情况，在伊拉克战争时期最为明显。根据斯坦利的描述，美军在伊拉克战争时期经历了打击萨达姆的正规军和打击基地组织两个阶段。美军攻打萨达姆的时候，非常好打。因为美军的战斗结构跟萨达姆的正规军很相似，都是有一个指挥中心，指挥各个基层战斗部队开战。这个时候，大家拼的就是实力，谁的信息传递得更快，谁的武器更先进，谁就有优势。

但是，当美军为正面战场的胜利而沾沾自喜的时候，以扎卡维为精神领袖的基地组织却在蓄势待发。扎卡维在这个过程中，四处演讲，充当精神领袖给每个小团体营造氛围，让每个基地组织分支都有一个共同的目标，就是"把美军从伊拉克赶出去"。面对这样一个没有指挥中心的基地组织，美军被打了个措手不及，焦头烂额。这个组织没有跟萨达姆一样的指挥中心，所有的行动都像游击战一样，很随意地对美军发起攻击，打完就撤。美军每次作战都喜欢在指挥中心把对手的组织结构图整理出来，他们希望整理出来的图是树形结构，能很清晰地看到谁是指挥官，谁下达命令。但是面对基地组织的时候，他们画出来的图，错综复杂，没有谁命令谁。 基地组织可以随时随地对美军发起攻击。美军面对的是一个完全看不见的敌人，这就是组织结构的不同。美军的组织是一个"深井式"组织，基地组织就是一个网状结构的组织，是一个去中心化、分布式的组织。

这种区别，不仅仅存在于军队和恐怖分子这对关系中间。我们的企业、组织，甚至社区和社会，都接近于美国军队的组织结构。在企业里具体表现为，管理层由上至下层层递进，各个部门各自管理，各自独立。这样的结果是产品部门不懂市场，只按照自己的意愿去设计，销售部门不了解产品部门的设计理念，在营销策划方面不懂得展现产品的特点，财务部门为了控制预算不愿意批准经费，整个团队变得七零八落，无法形成凝聚力和战斗力，"深井"就此形成。每个部门都在为着各自的利益点而出发，没能为整体达到一个共同的目的，而去互相协调，互相信任。

"深井病"对企业的危害是极大的，尤其易发生在大公司里，因此需要企业高度重视和严肃对待。如何解决企业的"深井病"？

制定一个高度认同的目标、愿景

虽然团队成员各司其职，但大家最终的目的、愿景应该是一致的，有一个高度认同的目标、愿景，做事情的方向就不会

179

偏离，这也是我们常说的"心往一处想，力往一处使，才能无往而不胜"。

实行信息的共享

企业之所以会形成"深井"局面，很多时候就源于部门之间、团队之间信息不互通。每个团队都在自己的小格子里，你不知道我在做什么，我不知道你在做什么，时间一长造成了信息脱节，"深井"越挖越深。比如我们在研发新产品的时候，习惯性先找产品设计部门，产品研发出来后就给到销售部门去进行营销。这样做其实是缺乏信息共享的。但是，现在我们在每个部门各挑一个精英组成一个小组，一起去开发一个新产品，在这个过程中，让他们互相协商。他们的共同目的就是研发一个新产品，并且卖出去，卖好它。与销售部相比产品部更擅长设计，与产品部相比销售部更擅长与客户打交道，他们互相沟通信息，产品部能根据销售部的客户反馈去改进产品，销售部也能理解研发和设计的理念，在营销策划的时候有针对性地推广产品的特点以满足客户的需求，即使大家的职能不一样，也能因为信息互通，最终实现科学地设计、生产和销售产品。

所谓的信息共享不是要把团队里面的人都变得一样，这样就没有专业分工了，而且他们也不是多面手，只是擅长某一方面，信息共享是让每个人在团队里面不仅能发挥自己的专业优势，也能更全面了解其他部门的职能，彼此之间更好地协调工作，相互信任。

给团队"赋能"

"赋能"回归本意，就是指对团队的赋能，也就是相信团队成员，给他们下放权力，不断锻炼他们的能力，避免发号施令。深井式的管理是时代的产物，这种管理方式在他们自己的时代确实起到了重要的作用，但是，面对如今"互联网"信息大爆炸，企业需要打破"深井"，治疗内部的"深井病"，让团队更有灵活性，让员工也有种受重视感和责任感。

2. 明确目标

有这样一项调查，当问到企业老板他们的目标是什么，他们希望企业的终局是怎样的时候，百分之八十的老板都会说"我要上市"，或者说我要做个百年企业。但如果再问一句怎么实现，他们就摇头了，说明老板其实对上市和百年企业都没有概念，对如何实现这些目标更没有概念，这不是目标，是一个憧憬，一个梦想。

很多老板只看到了一些成功上市并且活得很好的企业的案例，却没有看到一些失败的案例，一些企业上市后被迫股权质押，最后辞职的老板，上市梦也许并不是他真想要的。因此企业要长线发展，更需要设立明确具体的目标，一个一个去跨越。

如何设立一个明确的目标？其实很简单，静下心来想想自己要的是什么，又能做到什么，而不是一味想上市和做百年企业。上市也可以是目标，但你要知道怎么可以做到，自己的企业是否有这样的实力和潜力，上市后你打算如何继续企业的增长，企业能否承受上市带来的好处和持续增长的压力等，对方方面面都有一个全面的认识之后，就可以将上市定为目标了。然后将上市这个大目标拆分成可量化的数字化目标，比如两年内达到一个什么数据，发展多少家分公司等。做百年企业也是一样，如果你定下的是做百年企业这样一个目标，那你就得想好这至少需要三代人的艰苦奋斗，否则空谈梦想，漫无目的地努力，最终将是又没到达目的地，也没有来得及欣赏一路的风景的结局。这就违背了创业初衷。有些企业发展到了一定阶段开始变得不上不下，前进很难，又没有退路，一时之间迷失了发展方向，然后企业老板们就找到一些营销策划公司，想做个品牌策划或者营销策划。但是对于为什么要做这些，想要达到什么效果完全没有想法。其实他们的症结是没有了目标、没有了方向，只要设立一个明确的数字化的目标，眼前的路就又清晰起来了。

德国人常说一句话："生活是具体的。"做饭时要在厨房里放一堆量杯量勺，甚至还有秤和计时钟，生产产品时有一个严格的标准，宽度到哪一根刻度线都有具体规范，因为只有具体才能作出判断，只有对事物的量化数据才能理清思路。所以，目标也应该是具体的。如果你对企业的未来感到迷茫，也许只是你的目标还不够具体。

案　例

美国职业篮球联赛（NBA）里的每支球队都有夺取总冠军的梦想，很多球队却没有什么好的办法，不是换教练就是买大牌球员，原因就在于他们没有一个明确的目标，夺取总冠军是一个梦想，球队需要达到一个个具体的目标进而去实现这个梦想。相较之下，四年三冠的金州勇士队的目标非常明确，那就是专攻三分球，靠三分球取胜。

这个目标是通过大量的数据收集之后反推出来的。作为数据分析的坚实拥趸，勇士队的老板、来自硅谷的投资家拉科布把数据分析的思想充分融入球队之中。他根据对历年来NBA比赛的统计，发现最有效的进攻是令人眼花缭乱的传球和准确的投篮，而不是彰显个人能力的突破和扣篮。爬取过往数据发现，在2012年，平均每队每场比赛只出手18.4个三分球，而到2017年每队能投出27个三分球，有将近50%的增加。三分球使用率的增加是因为数据分析表明，虽然一个三分球平均命中率只有35%，但效率值却更高。而且两分球需要离篮筐更近，面对的防守也会更严一些。因此勇士队设定的靠三分球取胜的目标是有理有据，也是能够通过训练实现的。

为了实现这个三分球战术，首先，勇士队卖掉了那些价钱高却效率低的明星，而着重培养自己看中的新人。比如球星库里，2009 年球队签下他的时候他还是个身材瘦小的不被人看好的球员，但是在三分球战术的思想指导下，勇士队队员个个苦练神投技能，库里的精准投篮天赋和优势就显现出来了。其次，引进高科技设备。除了无止境的投篮练习，诸如跑动、运球、停球、撤步等各个环节，都需要不断重复直到形成习惯，球队还引进了很多高科技的设备，库里在解析自己的三分球为什么能如此成功时也表示，他用过许多虚拟现实设备来帮助他提升空间意识和手眼协调能力，让他能看清球场上的各种动向并且更快地处理信息，因此我们就在场上看到了那个投篮不用看筐的神奇库里。除此之外，老板拉科布和他的合伙人还雇佣了许多数据分析师，为球队提供咨询帮助，并最先在球馆中引入球馆录像和分析系统；为了更好地监测球员的健康状况，勇士队还在测试一种高科技的"智能服装"，实时收集球员的运动状态、呼吸和肌肉活动等信息，避免过度训练造成疲劳并帮助减少运动损伤。最后，主教练科尔改变了球队的战术侧重点，把球从内线拿到了外线，确立了库里加上 2011 年签下的汤普森两人为球队核心，并给了他们无限开火权。这当中教练起到了很大的作用，他懂得如何挖掘队员、利用队员，让他们在自己擅长的事情上变得更强，再加上上述种种，造就了今天的勇士队。

3. 解决团队老化问题

正常来说，只有一个企业内部发展进步的速度快于外界改变的速度，才能一直走在前列，持续发展，就像那些欧洲大牌LV、Gucci 等，从来都是他们去引领时尚潮流，而不是社会上流行什么他们才做什么，否则这些品牌早就没落了。但在今天，科技发展带动时代进步的速度实在太快了，很多企业尽管也在进步，却远远跟不上时代变化速度，因此成为历史。可以说，一年之内就结束的企业，绝大多数都是属于被"乱箭射死"的，它们甚至还没来得及站住脚跟，就因为跟不上时代的步伐而被冲刷掉了。

而越老的企业越容易跟不上时代的步伐，因为越老的企业，它的团队有可能也越老。诺基亚就是个典型的例子。诺基亚的衰落不是因为乔布斯太厉害，也不是因为诺基亚做不出苹果的技术，而是源于团队的老化。当苹果的高层都是工程师时，诺基亚的高层还没有真正懂软件的人；当苹果的技术实现巨大突破时，诺基亚还在因为新系统打造需要几年时间而选择沿用旧系统。团队老化让诺基亚这个老牌子陷入了困境。

因此中国民营企业要想延长寿命，团队老化可能是企业急需解决的问题。有以下三个方法可以参考。

老板思维升级

解决团队老化问题首先是老板思维要升级。老板是一家企业的中心，是整个团队的凝聚力之源，如果老板的思维还停留在过去，不能接受新事物，团队的人就更无法有所改进了。

开发新项目

勇于开发新项目，看市场需要什么，而企业自身又有什么，从而决定开发什么样的项目。年轻人的想法总是跳跃而有新意的，他们或许没有太多经验，但敢于提出老团队没有想过的东西，他们或许还不够成熟，但充满热情和干劲，这样的团队让未来发展充满无限可能。因此，当面对开始老化的团队，可以尝试开发新项目，给自己的团队注入新鲜血液，原有的团队也会在新人的刺激下更有学习和努力的动力。

敢于否定自己

敢于否定自己的过去，拒绝过去的诱惑。很多企业沉浸在过去的成就中，为了蝇头小利宁愿走老路而不选择创新，或是因为顾及老团队的往日情分、手中资源等，无法拒绝过去的诱惑，而无法下定决心更替可能已经无法带来创新的员工。

敢于拒绝，才是改变的开始。敢于否定，才能迎接新生，完成升级。

4. 以"势"取胜

当然，中国民营企业寿命短不全是团队老化的原因，还有很多外部因素，比如市场政策等，因此顺势而为就很关键了。今天的市场竞争激烈，很多企业都面临着巨大的挑战，老板们都想招到"孙悟空"式的人才让企业起死回生，但现实状况却是连个"二师兄"都不好招，那么企业可不可以在战略设计上就尽量少依赖人，或者对个人能力的要求不那么高呢？

"善胜者，求之于势，不责于人"是《孙子兵法》当中的一句经典名言。这句话的意思是善于谋划作战的人，以追求大局战略为先，以势取胜，而不是苛求士兵，过分强调人的作用。这里的势分两种，有对当下的势和未来趋势的辨认把握，称之为"借势"，有主动去塑造的一种势头、局面，称之为"造势"。"求之于势"，强调能够看清形势、把握时势、创造局势，"不责于人"，强调不依赖于人，不苛责于人。

借势

古往今来很多著名的战役，对于取得胜利的一方我们常常将功劳归到将领身上，但如果我们将当中的谋略、实施的步骤步步拆分，你会发现，其实是先有势的铺垫，人借了势，把谋略发挥到位，才有了最终的取胜。带兵打仗，首先要弄明白事物的现有状态，然后结合其未来趋势去做，才能事半功倍，进而取胜。只要顺应了趋势，要取得成功相对容易，反之再怎么努力违背了大势也不能成功。用哲学的语言来说，就是按照事物的规律办事。

比如秦灭六国，最后灭的是齐国，就是把握了时势。秦国不是靠艰苦的战役打下的齐国，是齐国自己不战而降的。因为曾经燕国的乐毅率领联军差点灭了齐国，齐国不愿与五国交好来援助他们，而且齐国从上至下都觉得可以和秦国永远和平相处下去，无拼死一战的决心。而秦国看到了这一点，加上之前有灭五国摧枯拉朽形成的大势，在这样的大好局势下，当然是乘胜追击，一气呵成。因此，只要不是昏聩无能的将领，带着秦军就能把齐国灭了。

再举个例子。有两家电镀企业，管理水平其实都普通，业绩和实力也在伯仲之间。今年遇上环保严查，其中一家，业绩飞速提升了近三倍，而另一家却关了门。是什么让他们的结果有了如此大的差异呢？原来，业绩好的那家，两年前办理了环保相关的全部牌照，而另一家却依然生存在灰色地带。因此，顺应了环保的势，才是这家企业三倍速增长的原因，而并不是双方的具体操作和人才的区别。

造势

第二种是自己主动"造势"。比如著名的井陉之战，是韩信步步为营创造局势，在每一步都把势造好了。他的士兵在设计好的时间、地点冲向敌人，因此势不可挡。相比之下，赵军只是人多，却没有与之匹配的"势"，因此如同一盘散沙。国外也有相似的例子。1796 年，拿破仑率法军来到意大利北部打击奥地利军队，奥军弹尽粮绝，不得不缴械投降。但实际上拿破仑的部队人数比奥地利士兵少得多，之所以能够以弱胜强，依靠的就是营造的这股"势"。可见问题的关键不在于人，而在于是否形成了"势"，把握住了"势"。

不管是"借势"还是"造势"，其实都是出于对整体局面的考虑，因此"求之于势，不责于人"其实是从整体看局部。打个比方，有两只蚂蚁，一只蚂蚁很弱小，另一只蚂蚁很强壮，哪只蚂蚁能生活得更好？如果只看点，也就是蚂蚁本身，显然是强壮的蚂蚁生活得更好，因为它有足够的力量应对未知的风雨。但如果放大到它们各自所处的环境就另当别论了。假如弱小的蚂蚁依附在参天大树上，大树枝繁叶茂形成了天然的屏障，可以遮风挡雨，吸引来的虫子也多，可以说弱小的蚂蚁吃住无忧，足够一辈子安稳生存。 强壮的蚂蚁只有一枯枝败叶可选，狂风暴雨来临一吹就倒，可吃的东西也少得可怜，那么它的生存状况就岌岌可危了。也就是说，蚂蚁要生存，不能光靠自身强壮，还要结合大环境来看，再强壮的蚂蚁也敌不过风云莫测的大自然。所以说"求之于势，不责于人"。

蚂蚁和树的关系就好比人和企业的关系，企业没有好的发展战略，逆势而行，再有能力的人也回天乏力。相反企业懂得审时度势把握机遇，顺应潮流趋势去经营，那么人的作用就是锦上添花。对于企业来讲，能否在市场中占领竞争制高点，往往是战略形势识别和决策的问题。用人是制胜的一个因素，但非关键。这一点在最近十几年中表现得特别明显，十多年前，只要你在做连锁、招商，很多人都愿意找你，就算是个不知名的品牌都能找到几百个加盟商，因为那时的市场空间大、门槛低，大家都想做加盟商，找个大树，依附在品牌下面生存。但是近几年招商加盟就没那么容易了，不光看你的品牌名气大不大，还要看你的加盟政策有没有吸引力，让他们能紧跟趋势适时调整自己的策略。所以如果你的市场总监前些年做得很好，一年能招到上百个加盟商，这几年却做得不怎么样，一年到头可能才拓展十来个，不要苛责于他，很可能是你的营销模式和招商政策已经不适应当今的形势了。这就是"求之于势，不责于人"，要透过一个点看到后面的线、透过线看到面、再看体。 如果你老是想招聘一个孙悟空式的人才回来解决你所有的问题，还不如花时间重新规划一下自己的战略，找到适合自己的势。

案 例

海底捞之所以能在同行竞争中获得服务好的口碑，不是他们真的把服务做到了天上有地下无的程度，而是他们知道现在的用户对服务、对享受式的体验的追求，顺应着这个趋势，海底捞重点就塑造自己的服务，把自己做成了餐饮业服务最好的品牌，从而获得了势。

海底捞的成功既是借势也是造势，借的是大环境里消费者消费观念的转变的势，造的是自己的服务好的势。它不是依靠某个人某个店去做这个服务口碑，而是先定了自己的亮点，再根据这个亮点去提高对服务人员的要求，统一培训他们达到规定的水平。就像韩信一样，先把势造好了，再把人安排进去。我们看到很多餐饮企业也尝试花大价钱去海底捞挖人，但最后发现效果不明显。因为你可以挖它的人，但造不了它的势。

第六步

掌握成交主动权

"最好的结果是不是我想要的？"

"最差的情况是不是我能接受的？"

"我还有更好的选择吗？"

每个人在决策的时候都要考虑的这三大问题，这就是成交的关键！

一、让客户主动来找你

对于每一家公司老板来讲，让客户主动找上门来可能是他们最想要的。其实今天我们可以看到，很多公司已经没有业务员了，大部分客户都是自己找上门来的，这种公司只需要客服对找上门来的客户做筛选就好了。那么如何才能做到让客户主动来找你呢？这里面是有技术含量的，既包含战略层面的思维方式，又包含战术层面的营销推广武器。

1."先给"策略

首先，我们要弄清楚，谁是我们的目标客户。这一点，大部分企业是清楚的。确定了目标客户群体以后，你得先思考这些目标客户群体需要什么，他们的需求才是他们最关心的话题。在这个信息泛滥的时代，大家都只会关注那些跟自己相关的信息和内容。

互联网时代的营销最关键的就是我们天天听到的体验,水果店里的水果有免费试吃,卖红酒和茶叶的有免费品尝,装修公司要为业主提供免费设计。因此无论多厉害的公司,请敢于走出这最有智慧的一步:先给!

对于 C 端客户我们要先给。别看现在市面上很多卖水果的社区店开得红红火火,他们其实面临非常大的挑战,上有商超卖场的压力,下有菜市场的围追堵截。这时候就需要采取"先给"的策略争取客户。"不好吃不要钱"的广告语看似俗套,却绝对有效。客户很容易抱着"反正不好吃又不用给钱"的想法进店,因为好不好吃是没有标准的,让客户自己去把控,这样,进店率的问题解决了。

客户一进店就可以看到插着牙签的精美的试吃品,接着会被热情的导购邀请免费试吃,而不是一上来就被导购围着问你要买点什么,有什么可以帮到你等这一类销售话术。我们要一改老旧的想法,把最好的陈列面作为免费试吃区,因为要给客户最好的体验。当然中国的客户是世界上最好的客户,我们通过对试吃购买率的统计发现,86% 的客户在试吃之后都会产生购买。

对于 B 端客户,我们也要先给。同样两家包装印刷企业,目标客户群体都是那些拥有产品需要做包装的企业。如何打败竞争对手让客户主动上门?还是从目标客户群体出发,看他们想要什么。可能你会说他们当然是要包装盒或者包装箱啊，如果站在包装印刷厂的角度讲，可能是。但是，你的竞争对手也是这么想的，因此大家都只能坐等客户需要包装盒或者包装箱的时候去抢单。到了那个阶段，客户需要的是最便宜、质量最好的包装盒或者包装箱，而这个需求你所有的同行都能满足，因此你们陷入了价格战。

但如果站在客户的角度来讲，他们早期的需求到底是什么呢？他们是要把产品卖得更快，卖得更好！这才是客户的真实需求。因此他们把产品的样板弄出来的时候不是先去找印刷厂，而是先去找设计公司设计包装，让他的产品更好地展示，从而达成卖得更快、卖得更好的终极目的。

于是，一家包装印刷企业的做法是：往产业链的上游走一步，和客户一起参与产品研发。于是这家包装印刷企业成立了专业的设计中心，喊出了"让你的产品会说话"的广告语，同时推出了"先设计后付费""卖多少付多少"的商务合作政策，这样对客户来讲，找任何一家设计公司都要收费，而且都是要先付款，可能没有任何一家设计公司愿意根据你的销量收取设计费，因为设计费是他们公司的唯一收入来源，所以这家企业才是客户最好的选择。同时对于包装印刷企业来讲，本来他们是给客户提供各种免费设计服务，现在反而多了一层收入来源。而且有机会在竞争对手还在坐等客户来访的时候，率先与客户进入"蜜月期"。这一切，都源于"先给"。

一家有设计能力的包装印刷企业和一家有印刷能力的设计企业如果同时用同样的方法做优质的推广，效果会有什么不同呢？如果你是会设计的包装印刷企业，你强调的是你的包装印刷能力，那么你的客户只会在包装设计完成后找你做包装印刷的报价，但如果你是一家有印刷能力的设计公司，那你的落脚点则是设计公司，客户在产品研发期就会找你，因为他要先设计出来。在这个阶段，你对标的是设计公司，你的免费优势和有工厂打版的优势就体现得淋漓尽致。同样是给，不妨给得更洒脱一些。

2. 营销推广武器

当我们做好了准备，怎么样快速、高效地让更多目标客户群体知道我们呢？那就要积极运用营销推广武器：SEM 与信息流。

SEM 搜索引擎营销

SEM 为搜索引擎营销，现在全中国 60% 左右的搜索流量都用在这里，每天有无数人在这里找信息、找产品、提问题，这些都是即时性的交互，并且完全有可能当用户看到与他搜索结果有很强关联的信息时就直接电话进行产品或者服务的咨询。你不用去他那里，他也不用来你这里，你们就已经在一条业务线上了。 无须再用传统业务员跑市场的办法去开发市场，也不用担心哪个区域、哪个行业的用户是不是我们的精准用户，SEM 就可以解决这个问题，用户搜索了就代表他有这样的动机。 当然做 SEM 不论是卖产品还是卖服务，质量要尽可能保持高水准，毕竟我们要建立良好的企业形象。

信息流广告营销

传统的广告业务——电视广告、户外广告、公交广告、电梯广告再或者在各大门户网站上的广告等，这些大家每天都会看见，优势很明显，曝光率高，有公信力还有影响力。但是这种类型的广告业务除了需要支付高昂的费用，还要提前排期，这对我们大部分中小民营企业或者初创企业来说很难承受。这时你是不是想：我能不能少花一点钱，我也不需要那么高的曝光率，我只想能推广给与我的产品有关联的用户看。那么你的愿望在今天高度发达的互联网时代终于可以实现了，它就是信息流。

你可以在每天早上起床的时候，留意一下微信朋友圈的第五条信息，它不是你某一个朋友发出来的信息，但却跟其他人的信息融为一体，其实这个就是朋友圈自带的广告。大家看到的都是广告，但是每个人看到的又都不一样。比如你最近关注汽车，它就会是一个关于汽车的广告；比如你是位女士，它基本会是美妆、婚纱等女性关注的内容，微信会根据你的习性、性别、时间、地点、爱好等属性来推送广告。互联网的大数据平台，自动帮你过滤掉你不需要的信息，让广告变成你喜欢或感兴趣的东西，实现了千人千面的标签化精准营销，因此大家都看得很开心，有时还会点赞评论。

朋友圈广告就是信息流广告的一种，它会与好友动态并排在一起，是看起来最不像广告的广告，比你爱人还了解你。区别于传统广告，信息流广告买的不是广告位而是用户，意思就是，信息流广告可以在对的时间，以对的形式，出现在对的人面前。这个主要源于背后的大数据平台，通过大数据的聚合、算法和逻辑，在合适的时间，合适的场合，向合适的人展示合适的广告创意，实现"随风潜入夜，润物细无声"的效果。这样的广告不再是一种骚扰，而是符合用户需求的有价值的信息，它以一种自然的方式融入用户所接受的信息当中。

而且，相比于传统广告，信息流广告更加符合现代人获取信息的习惯。你看看大家再看看自己，是不是恨不得吃饭睡觉上厕所都捧着手机，一有空就刷微信，看视频、新闻、资讯娱乐等信息内容？于是在用户的碎片化时间里，精准投放的信息流广告，利用用户的惯性阅读，真正做到了融入用户的生活，更加容易被用户接受，因为它"长得不像广告"，在一定程度上可以减轻用户的抵触心理。对于广告主来说，这种投用户所好的广告形式，同时还可以根据平台的特性自发产生二次传播的效果，比如转发、点赞等。所以，对于广告主来说，信息流广告可以节省广告成本，对于消费者来说，信息流广告则可以展示自己想要的信息。信息流广告能够让广告主与消费者各取所需，自然也备受推崇。

调查数据显示，2017 年的信息流广告规模高达 688.8 亿元，预计 2020 年将超过 2700 亿元。从增速来看，信息流广告2016 年、2017 年、2018 年的增速分别为 109.3%、91.5%、70.4%，预计到 2020 年仍将保持 45% 以上的增长率。这些数据表明，信息流广告在国内网络营销市场中占据的份额越来越大，将是今后品牌做广告的一大趋势。

选择合适的信息流渠道

目前，在我国信息流广告这条拥挤的赛道上充满形形色色的玩家，腾讯、百度、新浪、字节跳动等都是这个市场的参与者。这么多投放渠道，究竟该怎么选?

国内互联网社交行业的龙头老大腾讯，毫无疑问在信息流广告中占据天然的优势。凭借 QQ 和微信这两大社交平台，腾讯占据庞大的流量。相较于其他信息流平台，腾讯的用户群体更广泛，日常活跃性更高，黏性更大。对于品牌来说，腾讯的信息流资源丰富，目标用户定位精准，对用户的触达率更高。2018 年，腾讯对微信也做出了重大的调整，推出了订阅号信息流，新形态让用户体验更佳、对运营者而言更具挑战，最重要的是为微信信息流商业化打开了空间。相信订阅号信息流加入广告和短视频的那一天也不远了。不过，拥有社交红利的互联网巨头除了腾讯还有新浪以及新浪旗下的微博，为大众提供娱乐休闲生活服务的信息分享和交流，同样有着很高的用户活跃度及用户黏性。该平台与腾讯的不同之处在于，它拥有更多个性化的功能，如转发、评论、收藏、点赞等，因此得以实现广告的二次传播，用户互动性强，广告的传播范围和传播效率就更大更高。几乎是社会上各个行业发生的热门事件都能第一时间在微博迅速传播。因此，微博相较于其他信息流平台最显著的特点就是传播速度快，影响广泛。

与此同时，作为国内互联网公司三大巨头之一的百度也不甘落后。过去百度一直以搜索引擎营销（SEM）为主要营收业务，但从百度对外披露的信息中可以看出其业务转型的端倪。在 2018 年百度世界大会上，百度副总裁沈抖分享百度信息流的相关最新数据，截至目前，百度 App 日均活跃用户数达 1.6 亿，日均搜索响应次数达 60 亿，日均信息流推荐量达到 150 亿。可见，虽说百度以 SEM 为主要营收业务，但也对信息流重视起来，并寄予巨大的期望。当然因为有 SEM 的搜索数据作支撑，用户基数大，百度的信息流投放优势也是显而易见的，用户覆盖面广，有搜索基础，关键词定位准确等，基本适合各行各业投放。

　　除了以上这些老牌互联网公司掌握着信息流的流量外，近几年，作为后辈的字节跳动，借助核心算法技术带来的红利，迅速席卷国内网络营销市场，成为目前最大信息流广告平台之一。说字节跳动可能大家不一定知道是什么公司，但说起今日头条和抖音，大家就非常熟悉了，这两款当下最火热的移动端App，都是字节跳动旗下的产品。2018年今日头条日活用户数高达2.4亿，抖音日活用户数高达3亿，两款产品异军突起，一路高歌猛进，成为当下老牌互联网公司最强劲的对手之一。相较于其他信息流平台，其特点是核心技术成熟，是基于个性化引擎推荐技术，可根据每个用户的兴趣、习惯、位置等多个维度进行个性化推荐，推荐内容不仅包括新闻，还包括音乐、电影、游戏、购物等综合资讯，并且定向精准，流量大，内容展现形式新颖。抖音就是一个活生生的例子，以15秒短视频的形式抢占国内视频市场，抢占网红流量，迅速占领行业领先地位。

　　综上是目前市场上比较主流的流量较大的信息流平台，企业可以根据上述平台的特点，结合自身产品或服务的特征或者想要的效果进行选择，比如百度信息流几乎适用于各行各业，更适合需要主动搜索的产品或服务。腾讯、微博、今日头条、抖音都适合轻工业类、娱乐类等产品或服务，想要传播速度快的可以选择微博，想要触达率高的可以选择腾讯。

信息流广告运营

很多人都想在信息流的"大蛋糕"上面分一块，但是，往往很多人都只是吃到表面上的奶油而已。那怎样进行信息流的运营呢？

这里我们又可以运用到 PDCA 的优化管理系统了。

P（Plan）为计划：根据当前的产品进行分析，夯实产品基础知识，是开展广告投放的前提。其实不管是做运营，还是销售去谈单，产品基础知识都是最重要的。因为只有对产品有着深入认识和理解，才会对此做出正确的决策，而所有的配套策略，一定要建立在正确的基础之上，比如投放的平台、关键词的设置、人群的定向等。

D（Do）为执行：根据产品的现状，制定相应的投放策略。认识了产品和功能，紧接着下一步就是针对不同类型的产品，给他们制定不同的投放策略。首先是投放前准备，要看这个产品和哪些人群是相匹配的，即进行人群标签分类：核心目标人群、潜在机会人群，然后将受众人群限定在一定范围内，实现更精准的触达。接着进行投放渠道的筛选，刚开始的时候，根据平台的属性和流量，可以选择多渠道进行尝试，但是要注意不应该盲目地通投。之后，再对不同的"流量群"做对应的素材、文案和落地页。通过重复不断的验证以及得到的数据信息，反复微调投放策略，直到条件基本上固定为止。

C（Check）为检查追踪：进行流量数据的监控，根据数据的走向，追踪更多的信息，比如什么内容最吸引人，什么时间段点击量最大，什么样的广告转化率最高等。当你每天都在监控某个维度的数据时，将会衍生出更多的信息数据，慢慢就会发现更多的需求。

最后一个 A（Action）为处理：即总结和评估，根据以往的经验，制定信息流内容优化的标准，以便日后的执行和推广。之后在执行推广的过程中出现的问题，将转入下一个PDCA 循环系统。这个系统并不是说只是运用一次的，而是周而复始地进行，一个循环后，解决某些问题，未解决的问题就进入下一个循环，是一个持续性阶梯式的上升过程。信息流广告推广切忌急于求成，好的转化效果往往是在一次次优化、一次次尝试中获得的，相信只要坚持不懈，每一分的投入终将获得回报。

因此，信息流广告作为这个新时代的产物，要想吃到这块大蛋糕，不仅要会创作内容，还要会运营、维护以及管理。未来的营销，新媒体将成为品牌宣传的最佳渠道。而在品牌需求之下，信息流广告将不断出现更多的创新玩法，在时间维度和空间维度上不断精准，不断升级，将赋予品牌营销更强大的新兴力量。

总的来说，搜索引擎营销是基于客户今天的需求进行推

广，而信息流广告是基于客户昨天的需求进行推广，选择哪种
方式要视行业情况而定，比如想做即时成交，那么搜索引擎营
销可能转化效率更高，比如想大范围做广告推销产品或者做品
牌推广，那么信息流也是一个不错的选择。

二、客户分类与管理

每个企业的老板都希望自己企业的利润能节节攀升，但往
往有人无论怎么做都不得其法。想要提高企业的利润，就要在
提高销售额的同时压缩成本。那么怎么提高销售额呢？ 人们通
常会说：那就要有更多的客户啊。 真的是这样吗？ 其实不然，
客户的数量只是一个数字，质量才是关键，如果大多都是一些
只能下小订单的客户，利润很难上升。

如何管理客户，才能使企业的效益最大化？

1. 对你的客户进行分类

我们可以把客户分为三种类型："芝麻客户""苹果客
户"和"西瓜客户"。

"芝麻客户"是用来培养的潜力股，通过对他们的了解，

确定他们将来有做大的可能性，像这种客户我们可以当天使投资，全力支持他们，和他们一起成长。

然后就是"苹果客户"，这类的客户优质度很高，贡献的毛利最大，他们虽然并不一定是销售额最大的客户，他们可能对产品的质量和服务要求也比较严格，但敢于要求就代表他们有能力给出对等的价格。

最后是"西瓜客户"，当然，这类客户就是指今天那些庞大的企业，他们在全国，甚至全球都有巨大的市场份额，比如一个华为，养活了多少家配套加工厂，一个苹果造就了那么大一个"富士康"。 我曾经为一家做农产品配送的企业做过咨询，他们最大的客户就是步步高，一年能为他们贡献企业60%的销售额。

2. 制定专属策略

培养"芝麻客户"

互联网时代的今天，企业的发展速度已经不再是当年的一二十年成就一个大企业的速度了，有的企业我们可以看到3～5年就可以做到很大的体量。面对今天的每一个"芝麻客户"，我们都要花点时间和精力对其未来的发展方向和企业背景做个深入的了解，不要再像过去一样，只看他有没有量，按不按时结款这两个因素。对于那些有"背景"有"前途"的"芝麻企业"我们应该像教育小朋友一样，付出足够的耐心，给予最大的帮助，和他们建立起亲密的关系。

投资"苹果客户"

"苹果客户"是需要投资的。当大部分的人不愿意为客户付出太多的努力，越努力的那个就越能得到幸运的垂青。如果你确信对方是"苹果客户"，那请你把他当成一个项目去投资，这样，你才能成为最后那个吃苹果的人。

成功的企业或品牌，付出的努力绝非一朝一夕，付出的时间、金钱以及其他资源，远远超过竞争对手，谁都不是随随便便成功的。因此想要成功，就永远不要想少付出代价，不要想花小钱办大事，不要指望四两拨千斤，每次都以少胜多。有这种想法，就很难成事。当然，由于公司的价值网的限制，你确实需要考虑到成本、投入和产出比。但是，成本是一个结构问题，不只是去节约成本，而是应该设计你的成本结构，哪些值得投入，哪些不值得去投入。也就是说需要有一种战略思维。

比如一代手机霸主诺基亚，在被众多智能手机厂商争相分食市场份额之时，诺基亚本应充分利用自己的优势，寻找一个方向坚定地走下去。但是它没有。

一开始它选择故步自封，守着塞班系统，后来塞班系统已经不适应智能手机时代的发展，除了苹果，几乎所有手机厂商都转向安卓平台。诺基亚选择了和英特尔合作从零开始做Meego，但在搭载Meego系统的诺基亚N9发布不到一周的时间内，诺基亚又宣布放弃，并把重点完全放在 WinPhone 的开发上。2011 年年初，诺基亚结盟微软，全面转向 WinPhone 平台，几乎又是从零开始。再好的底子也经不起折腾，所以说，压倒性投入，还需要战略思维。

那么同样是手机品牌的华为又是怎么做的呢？ 华为每年花费超过千亿元炮轰通信这个"城墙口"，研发花了约 600 亿元，市场服务花费 500 亿~600 亿元。 30 年来，任正非坚定不移地对准通信领域这个"城墙口"冲锋，他们坚持只做一件事，专心投入，在一个方面做大。在华为公司只有几十人的时候，他就对着通信行业的"城墙口"进攻，有几百人，至几万人时，仍然对着这个"城墙口"猛攻，现在公司十几万人的规模，他们还是集结力量，压倒性地投入到同一件事情中。任正非说："华为没有秘密，我们的一个原则就是'傻'，像阿甘一样，认准方向，朝着目标，傻干，傻付出，傻投入。"

因此，在实现梦想的路上，我们要敢于投入。但是投入之前，需要的是一个明确清晰的战略方向，然后集中力量办大事，把有限的资源集中到特定方向上寻求突破。

压倒性投入，就是集结所有的资源专注投入在一件事。这里重点是"一件事"，就是你要有一个方向、目标、主心骨。回归到我们企业也一样，想要开辟新市场，在哪些地方投入，在哪些地方一毛不拔，都在于你的选择。但是，你选择投入的地方，一定要做到压倒性投入。不投入的地方，要有勇气一毛不拔。最怕的就是，又要投入，又想着省钱，然后就很有可能是一事无成。

当然，现在竞争时代已经慢慢走向合作时代，竞争不再是单枪匹马、单打独斗，而是加入作战军团。穷人还在单干，富人已经开始强强联手或是借力，所以他们的压倒性投入才能降低风险。如果你没有压倒性投入的勇气，那最好能找到有勇有谋的"张良""韩信"，辅助你成就大业。

争取"西瓜客户"

当然，面对这些"西瓜客户"就没有那么容易了，他们通常已经是"有妇之夫"，想让他们把现有的合作商替换掉的可能性不大，但这些"西瓜客户"会有源源不断的新项目，这才是我们的机会。所以我们说争取"西瓜客户"。教育要从娃娃抓起，争取"西瓜客户"要从新项目抓起。

总结一下，面对一堆的"芝麻客户"，他们中间大部分是一些本身就没有价值的"垃圾客户"，要从"芝麻客户"中找到那些可以培养的种子客户，将其他的"垃圾客户"统统砍掉。

在"苹果客户"面前，要敢于投资，这就是二八法则，如果把股神巴菲特最成功的十笔投资拿掉，他们公司也很普通。

在真正的机会到来的时候，我们要敢于下重注。面对所有同行都梦寐以求的"西瓜客户"，我们唯有提前下手，做好准备。这可能就是企业创新的方向。

三、轻松成交客户

有人说成交就是说服，但其实这个世界上没有一只耳朵是被嘴巴给说服的，都是自己说服了自己。如果我们成交了一位客户，其实不是我们把客户说服了，我们只是引导了他们成交了。理解了客户的成交决策过程，自然就有方法可解了。

1. 成交三问

那么，什么是成交决策模型呢？那就是一个人在做决策前都会思考的三个最核心的问题：

（1）最好的结果是不是我想要的？

（2）最差的情况是不是我能接受的？

（3）我还有更好的选择吗？

如果前两个问题的答案都是肯定的，第三个问题又是否定的，就可以马上做决策了。那么根据这个决策模型，我们应该怎么设计自己的解决方案呢？

第一，"最好的结果是不是我想要的？"这个问题也就是说你最多能给客户什么好处，那么解决方案里面最好包含三个阶段的好处：（1）合作之后立即就能带来的好处；（2）年度目标或者阶段性目标达成以后兑现的好处；（3）把客户纳入企业的发展战略中来，如果企业将来上市了，整个供应链上的人都能分享未来的红利等，让客户今天的决策还能带来未来的价值，这样你和竞争对手之间就有了区别。这样的结果当然是客户最想要的。

第二，"最坏的情况是不是我能承受的？"这个问题其实在说风险控制和退出机制。世界上没有任何一种生意是没有风险的，作为你的客户，他当然也深知，就看你怎么去表述。你的解决方案里面应尽可能弱化有关风险的内容，更多地跟客户去探讨成功的概率和成交后的做法。如果你的评估结果是这个客户根本不具备风险承受能力，那我们索性直接拒绝他。

第三，"我还有更好的选择吗？"如果前面两个问题客户都是认同的，这时你需要做的就是拍着胸脯跟客户讲"我就是您现在最好的选择"！拿出你的信心去传递给你的客户，包括你对自己公司的信心、对自己产品的信心、对你能帮助到你的客户的信心。

2. 咨询技巧

当然，从客户打来第一个咨询电话或者发来第一个咨询问题，到最终的成交需要一套流程，把这套流程做得很有仪式感也非常重要，因为任何一个客户都希望被尊重。第一次咨询有三大技巧。

第一，因为大部分的成交不可能在电话里或者微信、邮件里完成，所以，第一通咨询电话我们最好要控制在 10 分钟以内，微信和邮件也要控制篇幅，但如果是老板亲自接电话，那可以聊深一点。

第二，对于客户咨询的问题你除了解答，还可以反问，这一点很重要。 经常有这样的情况：客服在接完一通长长的咨询电话后竟然对客户的信息一无所知，甚至连客户姓什么，公司叫什么，联系电话都一无所知，那么电话挂断之后，下一步怎么跟进？所以我们说，面对客户的第一次咨询，我们不光要让客户觉得和你相见恨晚，还要对客户的基本情况清楚明了。

第三，既然第一次咨询不可能成交，那么在第一次咨询中就得约好见面的时间和地点，见面一定要尽快！要把你和客户建立起来的星星之火迅速烧成燎原之势！记住：此刻就是在跟你的竞争对手进行百米赛跑。

3. 见面技巧

然后就是第一次见面了，不管是去客户公司拜访还是客户来你公司考察，请记住：人们永远不会给你第二次机会来建立第一印象。这时你代表的就是你们公司，你的穿着打扮、言行举止都代表你们公司的形象。由于各行各业要求不同，我们很难说一定要怎么样，但有一条是通用的，就是守时原则！守时不光是对别人的尊重，也是对自己的尊重。

一般情况下，我们第一次见面要达到的三个目的分别是：塑造自己公司的价值，倾听客户的需求和确定好下次给出解决方案的时间和地点。如果第一次是你去拜访客户的公司，那么下次给解决方案的地点最好选自己公司，因为在自己地盘成交的概率更大。

最后就是给解决方案的成交阶段，这一阶段就要根据我们一开始讲的"最好的是不是我想要的""最差的是不是我能接受的""我还有没有更好的选择"这三个客户最关心的问题，反复强调你的解决方案！

第七步

营销渠道拓展

当你完成了上述步骤，你的产品开始"疯卖"，你需要做的，就是复制和裂变。

一、招商——快速扩张的利器

招商作为一种营销手段，能够帮助企业快速地获得现金，建立渠道销售网络，同时提升品牌知名度。正是由于招商给企业带来的众多利好以及创造的一次次商业奇迹，使得招商倍受一些企业家的青睐，并且直接升级到企业经营的战略规划里。

然而，现实却很骨感，众多企业在自身的招商实践中往往得不到这样的效果，相反遇到了招商模式不清晰、团队执行效率低、与客户关系不对等、客户成交率低等一系列问题，尤其是当前处于转型升级中的一些中小民营企业，他们都希望通过招商启动自己的新项目，从而实现自己企业的转型升级，但现实是一次次的招商成为他们一次次的"招伤"。

招商到底怎么做才能轻松实现新项目的成功启动呢？

1. 商业模式构造

商业模式的核心就是明确你这个项目存在的价值是什么。

在招商的时候，你的每个客户都会关心这个问题，而在实际案例中，很多老板往往没有对这个项目存在的价值有一个清楚的认知，而只是基于一个构思和想法或一个产品技术发明就启动项目，这是直接导致招商不成功，甚至项目失败的原因之一。很多人往往把经验当成了对项目的预判，这是一种"从后往前看"的思维，而我们需要具备"从前往后看"的思维，即通过市场调研来对未来商业的发展趋势进行科学的预判，并建立起项目为什么会存在的一整套的科学逻辑思维，最终回到以下四个问题：

（1）我们切割的蛋糕是否足够大（即是否有足够的市场容量）？

（2）这么大的蛋糕凭什么我们能够切（即我们有什么独特优势能够解决市场的什么痛点）？

（3）切入后我们具体将用什么方式来操作（即我们的具体市场操作方式及策略）？

（4）按照这个思路未来我们能够达到的目标及愿景（即未来我们的项目可以预期达到的目标）？

这四个问题清晰后，以图文结合的形式，形成简洁明了、清晰易懂的项目规划书。好的项目规划书对内可以起到统一执行团队思想、提升信心的作用，即让所有人都明白我们要做什么、计划怎么做、要达到什么目标；对外招商来讲，可以让所有客户都知道我们这个项目的前景、优势、运作模式以及和我们合作未来能够取得的成就。

2. 招商前期试水

项目的商业模式清晰后，我们需要让商业模式初步落地，从招商的角度来看，可以叫作招商前期的"试水"，通常又把试水分成两个部分：选择样板市场和客户招商试水。

选择样板市场

商业模式的定性是基于对未来的一种科学预测和判断，付诸行动就需要选择一块实验田，即在样板市场进行试点商业操作。样板市场反应良好，一方面可以证明这个项目和这套商业模式是可行的；另一方面通过区域样板市场的操作，可以形成一套区域市场的营销操作方法论和盈利体系，为未来的全国招商提供支撑，便于未来在全国市场推广复制。

客户招商试水

在样板市场打造期间，可以同时进行招商客户谈判工作，可以针对目标客户进行招商前的小范围尝试洽谈。因为这个时候招商还没有大规模正式启动，项目还处于前期孵化阶段，将招商提前进行试水，可以知道哪些人最有可能成为我们的目标招商对象。他们最关心什么问题？他们对项目有哪些方面的见解及担心？等等。这样在招商没有规模启动前，我们已经通过试水明确了目标招商对象的心理特征和想法，真正做到知己知彼。千万不要在大规模人马招聘到位后再去想招谁、怎么招、如何更有效招等问题，因为这无形中增加了项目招商成本，并很大程度上导致了招商的失败。

3. 招商模式定性

通过招商的试水工作，我们就能将试水的时候总结出来的结果——形成标准，并形成图文结合、清晰易懂的操作手册，在操作手册中清晰地讲解招商对象及他们的模型特征、招商政策、招商流程、招商推广策略、招商人员组织架构、招商执行计划及其他部门配合的工作事项。通过招商模式的定性让招商工作有序进行，让后期的招商执行清晰明确。

以上三个步骤对于整个招商是否能成功起到决定性的作用，如果你的商业模式不清晰你就无法跟客户讲清楚，你没有前期试水，很有可能你的商业模式根本不适应市场。所以实践好前三步，招商就成功了一半。

4. 招商工具打造

招商模式清晰后，就要根据招商模式制作招商的"武器弹药库"——招商工具包。招商工具包包括招商手册、招商

VCR、招商合同、客户投资获利分析、招商演讲 PPT、区域市场操作小册子等。 在招商工具包的制作过程中，不管是手册还是 VCR，都是围绕目标客户内心的疑问来策划的。 策划招商手册或 VCR 的过程，就是一个不断解答客户内心疑问的过程，最终达到让客户从不了解项目到了解项目，再到产生强烈的合作欲望的目的。需要注意的是工具包一定是营销性质非常明确的，而不是为了美观或为了凑内容而去做一些没有意义和没有价值的东西。 我们必须明确，制作精美的工具包不是最终目的，如何有效率地使用工具包才是招商的关键所在。

5. 招商话术锻造

这是一个在招商过程中经常被忽视的工作，看起来不太起眼，但却非常关键。锻造招商话术的意义及价值在于解决招商营销人员的复制问题。很多企业老板或招商总监常说：招商效果不好，是因为招商团队没有经验。但是如果深入了解招商团队会发现，最重要的原因其实是招商话术统一的问题，因为招商作为营销的一种手段，最终在执行时都是和人打交道，是一个讲解项目和说服客户的过程。如何在 3～5 分钟内让客户产生兴趣，如何解答谈判过程中客户提出的各种问题等，都需要形成标准的话术，并形成成型的文本，让所有人都按照统一的话术来讲解，一方面可以直接提高招商团队的整体作战能力，另一方面也可以避免因招商人员话术不同，导致客户心中犯疑并最终放弃合作。有了标准的招商话术，即使是新手经过培训也能马上上战场。

6. 招商团队打造

按照招商的计划和要求去招聘相应的招商执行团队是一项很考究的工作。由于招商团队是后期招商的直接执行者，因此从招聘、面谈、筛选、录用、培训、上岗到考核，其实是一个"内招商"的过程，即正式对外招商之前，招聘招商团队就是一个内部先进行的招商，找到一批对项目认可度高，觉得有发展前景及拥有共同价值观的团队来一起加入到招商团队中，为这个商业梦想的实现而去战斗。因为只有招商团队认可了这个项目并认可这个团队的价值观，他们才有信心去和客户讲解项目和推介项目，否则他们自己都不认可，去说服客户的加入将是无稽之谈！如果说成交是信心的传递，那么，只有先成交了自己的招商团队，他们才可能在客户面前拍胸脯！

7. 招商成功启动

经过前面的筹备，整个招商工作都部署完毕，有了人，有了武器，接下来就是招商的执行启动了。虽然对外招商的具体方法论有很多种，各种概念满天飞，但是我认为招商无外乎四种执行策略：人员招商、广告招商、展会招商、招商会招商，具体采取哪一种或哪几种，取决于项目的资源匹配情况和实际招商的需要，每一种策略都有特定的优势。在全国市场招商时企业可以选择全面开花式也可以选择逐步推进的方式，全面开花式招商适合资金实力较为充足的企业，可以将全国划分为几大区域，每个区域都设立直营招商办事处进行全面的招商推进；而逐步推进式则是依托自身资源情况，选择某一个区域，将人力、物力、财力重点投放到该区域进行锁定招商，而其他各地的市场则采取自然式的招商，最终以点带面实现全国的渠道铺设。

8. 渠道管控维护

成交只是双方合作的开始，企业更多的利润来源于成交后双方持续的合作，因此招商完成后，如何维护与管控同样是非常重要的一个课题。这里总结出渠道管控的三个需要牢记的事项。

（1）在还没有成交前，就要准备好成交后让经销商回去行动的一套市场操作计划；

（2）经销商也是人，是人就会有懒惰以及容易失去耐心和信心等心理，因此后期经营中除了和经销商谈市场操作的具体方法，同时也要学会用思想去统一经销商，即一定要拿企业的商业思想去统一经销商的思想，让他们时刻保持斗志昂扬的事业激情；

（3）学会培养经销商中的明星商户，因为榜样的力量是无穷的。

二、加盟模式的设计

做单店和做加盟的盈利模式是不一样的。一家店做得很火爆的概率很低，但把一家店做到盈利，然后复制很多家这样的店的概率就高得多了。现在很多人都想找项目投资，如果有好的招商模式和招商工具，招商其实并不难。

那么如何吸纳加盟商呢？最好的办法就是将单一的产品包装成一个能够快速实现盈利、易复制的商业项目。当下有太多人愿意去尝试经营一份属于自己的事业，只要我们有好的产品，还提供一套销售产品的好方法，再打开客户主动找到我们的通道，利用像 SEM、DSP 这样的互联网营销工具，让更多的人来咨询我们，起量只是时间问题；而且对于加盟商我们不但不限制区域，还要鼓励他们发展自己下游的加盟商，扩大加盟店的数量。当这种模式成熟后，再考虑标准化设置区域的保护机制和代理权。早期的安踏也采取这样的策略,实现了快速的跑马圈地,成为如今国内运动服饰领先品牌。

1. 不光给产品,还给卖产品的好方法

要想提高招商的成功率,不光要给加盟商好产品,还要给他们一套卖产品的好方法。如今已经不是你把利益分给他他就愿意加盟那么容易了,作为一个加盟商,在这个万众创业的时代,可以选择的项目太多了,凭什么就选你这个企业?你的竞争对手不只是十个八个,还有所有品类的各行各业的企业。因此不要纠结眼前的几个竞争者和利益分配点,怎么样让更多的人加盟,才是核心的问题。

企业的竞争力,就在于不但告诉加盟商能得到什么利益,还要教会他怎么开店。对内可以参考第三步提到的门店经营三大系统,即引流系统、成交系统以及转介绍系统,指导加盟商经营好门店;对外要能够指导甚至协助加盟商做好线上线下的推广。

门店经营的三大系统能够有效提振加盟商开店的信心,从引流到成交到后续的销量拓展面面俱到。而推广策略的提供则能提高加盟商对于企业的信任度,因为你教他的一定是你自己也在做的,并且是行之有效的。企业的推广做得越好,品牌或产品的知名度越高,加盟商就越好做。推广策略也可以从线

上和线下两个版块结合来做，线上有 DSP、SEM 等营销工具，线下可以搞活动推广，与周边商户合作等。总之，你给的东西越多、越全，加盟商就越愿意加入。

但是加盟商一旦多起来，管理就变难了，怎么样设计加盟模式既能吸引加盟商，又能保证加盟店的质量呢？

2. 设计适合自己的加盟模式

品牌授权

目前最为常见的加盟模式是品牌授权，就是由加盟商100%出资，100%控股，100%承担风险和享受红利，公司不参与投资和控股，也不享受分红，以一次性收取加盟费、保证金、品牌使用费、管理费等基础费用的方式，对加盟商输出品牌，对整店的设备、装修、用具、收银系统等硬件设施以及部分核心人员的输出，比如做餐饮店的，就由总部直接委派店长和厨师总管，每月固定收取一定的费用。公司对加盟店的管理体现在统一输出的促销活动策划、宣传物料策划设计等策划性项目上，以确保品牌的统一性和口碑，另外不定期对门店进行培训指导，保持与门店的紧密联系。

这种方式理论上能够对加盟店进行统一管理，但实际上由于没有控股，公司也就没有了话语权，最多只能在授权上做文章，比如连续3年业绩不达标、授权期内出现严重纰漏等问题，公司有收回品牌授权的权利，其余的很难对加盟商有严格的监管。前期公司可能会觉得一次性品牌输出省事，还能收取大笔费用，实际上反而是给后续监管留下隐患，一旦加盟商发展壮大，就容易失去管控。所以现在比较合理的方式是双方共同投资或共同管理，详见以下两种模式：联营合伙人和"托管式"加盟。

联营合伙人

合伙人这个词近几年越来越流行，不单是个体能成为合伙人，公司与个人也能成为合伙人。联营合伙人的模式，就是公司与加盟商同时出资同时控股，公司通过免除常规的加盟费用加整店输出模式，以极小的出资比例换取超过50%的控股。整店输出模式就是上述涉及的整店的硬件设施、核心人员、软性策划等需要统一规范的部分。

在这种方式下，在未回本前所得红利公司占两到三成，加盟商占七到八成，投资成本收回后，由于公司对加盟商提供长期的管理指导等支持，公司和加盟商分红占比约等于控股比例，即公司占比过半，加盟商稍少。联营合伙人模式是比较受加盟商欢迎的一种方式，因为公司与加盟商共同出资，共同承担风险，让加盟商的风险小一些，感觉到有保障、有信心，同时减轻了加盟商一次性支付大笔加盟费用的压力，降低了加盟的门槛，比较容易吸纳加盟商。对于公司来说，这种方式既能比较好地掌控加盟店的经营管理，取得对门店监管的主动权，避免时间长了出现门店经营脱轨的问题，在营业收入层面也能有比较可观的收益。

"托管式"加盟

"托管式"加盟，跟联营合伙人模式有相似之处，也是免除加盟商的基础加盟费用，通过一些软件的输出、培训指导的提供，换取股权。不同之处在于，"托管式"加盟强调的是经营管理上的托管，也就是说公司不会对加盟店有资金的实际投入，只是在运营层面提供保姆式托管，这样做的目的是把所有权和经营管理权分开，确保专业的门店运营让专业的团队去做。相应地，公司在享受红利这块也会比联营合伙人模式少，与加盟商的分配比例大概是 2∶8，加盟商自行承担各项费用的支出。相较之下，这种模式比较受已经有自己的工作的投资人青睐，因为对于他们来说享受的红利的比例仅次于品牌授权模式，还无须一次性支付大笔的加盟费用，降低他们的资金压力。最重要的是专业的事情交给专业的人做，品牌方绝不会砸了自己的招牌，而加盟商只需要做个投资人。这种模式对总部来说也比较有利，不需要大笔的资金投入也能有话语权，还能确保门店的统一调性。

联营合伙人和"托管式"加盟这两种方式对于公司来说能较好地掌握门店管理的主动权，与加盟店的联系也更紧密，当中的关键就是培养好的管理人才，真正把管理抓到实处，让加盟商认同统一管理的重要性。培养好的管理人才需要品牌方有一套完善的培训系统，门店怎么经营，店员怎么管理，客户投诉怎么处理等，都需要进行统一规范的培训。企业可以通过成立商学院的方式，设置入门课程、进阶课程、导师课程等，定期对管理人员进行培训辅导，对公司来说确保了管理人员的素质，对管理人员来说也能让他们看到晋升阶梯，提高任职的稳定性。而如果想要加盟店的积极性更高，可以适当缩短分红的期限，比如半年一次或季度一次，让加盟商短时间内见到收益，经营起来更有冲劲，也更加服从公司的管理，对公司的信任度更高。

案 例

毛家饭店曾经是湖南人的骄傲。从毛泽东故居对面的一家小餐馆，发展成遍布全国的餐饮"巨头"。毛家饭店这个金字招牌背后代表着浓厚的文化底蕴，是品牌的底气之一。1992年，第一家加盟店在北京开业。随后，毛家饭店走上了加盟连锁的道路。通过品牌授权的方式毛家饭店实现了迅速扩张，但除了收取加盟费，推荐厨师外，并没有达到借加盟销售自己的食材、食品，延伸产业链的目的。在产品上，尽管毛家饭店的毛氏红烧肉、长征鸡、将军鸭等招牌菜口碑不错，但是各加盟店之间口味差距大，口味不稳定，导致稳定的回头客少了，可见总部在食材和技术上缺乏的统一管理。还有加盟商在授权期满后对名字稍加改动，顶着"毛家"二字继续红红火火，而真正的毛家饭店却一步一步走下了神坛，曾经的背景优势一点一点被磨蚀掉了。

三、摆脱展会的"鸡肋效应"

展会是很多企业营销推广、招商加盟的法宝。每年各行各业、大大小小的展会数不胜数，尤其是春秋两季，是展会举办和企业参展的高峰期。但是展会的剧增反而涌现出"散、乱、杂"等问题，导致企业参展往往投入不少却收效甚微，于是是否参加展会成为企业的一大纠结问题。去吧，投入的是庞大的资金、人力、物力，回报却少之又少；不去吧，又担心失去商机，毕竟展会至少也是一个展示的机会。食之无味，弃之可惜，展会对于企业而言变成了"鸡肋"一样的存在。

一些大企业每年在展会上投入几十万元，把展会办得轰轰烈烈，却没什么效果，干脆就放弃参展了，客户却以为他们从行业中消失了。迫于无奈，他们只好又继续参展了。于是展会对于这些大品牌大企业来说，更像是一次品牌宣传。

尽管展会逐渐成为"鸡肋",但还是不断有崭新主题的展会涌现,参展的企业也依然很多,这说明"存在即合理",对于中小型或成长型企业以及新品牌来讲,用对方法了,展会营销还是大有可为的。

1. 筛选展会

要想摆脱"鸡肋"效应,先从筛选展会开始。

展会有成千上万个,要挑选一个适合企业自身的展会应该从多方面考虑,如地域、规模、行业等。展会从性质上分类可以分为制造业、商业等行业举办的以交流信息、洽谈贸易为目的的贸易展览以及展出消费品、以直接销售商品为目的的消费展览两种。从内容上分类,可分为综合展览和专业展览。综合展览包括全行业或多个行业的展览会,比如工业展、轻工业展。专业展览是指展示某一行业甚至某一项产品的展览会,比如钟表展、汽车展。还有就是从规模上进行分类,可分为国际展会、国家展会、地区展会、独家展会等,指展出者和参观者所代表的区域规模,不同规模的展会有不同的特色和优势。

你的受众是谁决定了你要参加什么样的展会,如果你的产品没有销向国外的渠道,更不适用于外国人,自然就不需要参加世界级的展会了;如果你的产品是面对B端市场的,那么就应该参加贸易类展会;如果你的产品有很强的针对性,那么自然要参加的就是专业展会而非综合展会了。

选定了符合企业受众的展会类型，就要对展会的质量进行筛选，选择一个好的展会能让企业的展览事半功倍。何谓好的展会？主要有三点。一是规模大，知名度高。企业参加一次规模大、辐射广的知名展会，可以获得相当于参加很多次区域性展会的效果。无论在时间上、费用上都是非常划算的。二是专业观众多，组织成熟。这种展会因为专业性强，企业能接触到的对象精准度高，比较容易促成交易。三是综合性强。很多展会的价值并不在于展览，而是其配套的行业论坛、技术成果交流会、业务洽谈等活动，尤其是有重量级的嘉宾，水平高的活动往往能吸纳到的人群质量也比较高。

2. 参展策划

也有很多这样的企业，为了参展而参展，既不主动吸引人流，也不积极推广产品，把宝贵的几天参展时间浪费了，造成这样的状况的主要原因就是企业对自己的参展目的不明确。如果说大企业大品牌是为了"刷存在感"而来，新品牌当然就是为了"混个脸熟"而来，比如车展上搞一场新车发布会，请一些媒体进行报道，牢牢抓住让自己的品牌出场的机会。而对于中小型或成长型企业而言，目的只有一个，就是收集意向客户。目的明确了，参展自然大有文章可做。从展前的准备工作，到展中的营销推广，还有展后的密切跟进，每一个阶段都做好了，才能摆脱"鸡肋效应"。

展前准备

参展前的准备工作主要是客户邀约以及展位的布置。对于国内的客户通过打电话邀约，对于国外的客户则可以以发送电子邮件的方式操作，同时线上完善企业的资质、产品等信息，让想了解企业的客户能及时查看到最新的信息，线下完善接待服务，包括酒店、行程的安排，提高客户的参加意愿。另外，参展前需要对团队进行充分的培训，确保团队对营销的话术、活动流程、公司政策等完全掌握。

展位的布置应该从参观者的角度构思，按照目标群体的需求和喜好搭建设计，比如服装行业，对买家而言穿着产品的道具模特就比简单地挂在墙上更有吸引力，当然如果可以的话真人模特可能更有效果。展品之间要留有一定空间，过于集中堆放和靠近堆放都会严重影响产品对观众的吸引力，要适当留白，重点突出展示代表性的产品，切记"少即是多"的原则。

展中分工

以上只是很基础的一些前期的铺垫工作，关键还是展览期间的工作。参展期间的工作可以概括为一个核心，五大步骤。一个核心就是"立体式分工"，我们知道参展是一件很耗费人力、物力、财力的事情，尤其在外地参展，光是员工食宿就占了成本很大一部分，如果没有一个很细致、明确的分工，参展就是白白花钱，于是我们需要"立体式"的分工，这其中又分为五大步骤：拦、问、讲、谈、约。

拦

这是一个不需要什么技术含量的工作，企业可以请当地的大学生，对他们进行简单的培训后上岗，这样既可以为企业节省一些成本，又可以让员工专注于专业层面的工作。拦的作用在于让经过的人走进我们的展位。

问

当对方被引导过来了，我们就可以进入下一个步骤，"问"。比如问"您怎么称呼啊？""您在哪工作啊？""方便留个名片吗？"等问题，通过简单的聊天话术识别出意向客户并争取留下他们的联系方式。

讲

对于愿意进入的客户，我们的工作就是通过讲解留下他们，这是产品组或技术人员出场的时候。运用产品组的专业知识，把产品的特色和与市面上其他产品的区别充分传达给客户，用简明扼要的数字标语式话术如"三大功能""五大亮点"等引起客户的兴趣。

谈

当客户对产品产生了兴趣，自然会想要进一步了解具体的商务政策，这时的关键步骤是由营销团队甚至是营销总监与客户进行详细的沟通洽谈，尤其是一对一的对话，能让客户更清楚明了，进一步产生成交的意愿。

约

最后一步是"约"。很多时候展会上聊得相当愉快，展会结束却没了下文，缺少的就是"约"这一步。如果展会上聊得好，当然就要乘胜追击把下次见面的时间地点定下来，或是邀请客户到公司来参观以便展示公司实力，或是上门拜访以示诚意，不管地点是哪里，只要约定好了，那交易的可能性就大大增加了。

展后跟进

一大核心，五大步骤，做好了，这宝贵的参展时间才有价值。但是还没完，很多企业认为展会结束就算大功告成了，但是也许你在吃饭、休假的时候，你的竞争对手正在和你的客户签合同。因此展会结束后的跟进工作尤为关键。 客户需要的资料要迅速提供过去，客户要求报价的要迅速报价、要求寄样的要马上寄发，要求打样的尽快落实，这些实物和数据都能成为客户是否选择与你合作的重要影响因素。

可以说展会的结束只是一桩业务的开始，想要将参展转化为业务，就需要做到上述所说的那么多的环节。

3. 创新参展

或许有人会问，就算我把这些步骤做到极致，为什么效果还是一般？其实参展还可以有两种创新思维，从全新的角度去看待参展这件事。

参加客户行业的展会

按照企业的惯性思维，参展通常会首选与自己行业相关的展会，但其实展会现场竞争对手比潜在客户还多，如果参加客户行业的展会就不一样了，比如你是做包装的，去参加销售手机的展会，那么其他参展企业就都是你的潜在客户。一般在展会的第一天每家企业的老板都会参加，这样就可以直接和老板进行沟通，甚至我们还可以通过参加展会来进行招聘。一般参展的工作人员或者是销售能力特别强的营销人员，或者是研发该项技术的核心人员。下午三点之后通常是展会较为清闲的时候，在这个时间和他们进行交谈，为企业招收合适的人才。

承办或赞助论坛

在参展之余，参与论坛也是一个宣传企业的机会。大多展会每天都会安排好几场论坛，主论坛是较为正规的、大型的，请来的嘉宾也是相对比较权威的，中小民营企业不一定能够直接参与，但可以通过赞助或请知名人士代为背书的方式让企业的名字出现；分论坛通常要求没有那么高，企业可以争取成为承办方，并作为论坛的其中一位发言人进行宣讲。

当展会越开越多时，企业务必要明确自己的参展目的，结合企业自身选择适合自己的展会。虽然展会只有短短几天，但展前、展中、展后都要做好细致的安排，尤其是建立"立体式"分工机制，让参展的价值最大化。

四、引资必备——商业计划书该怎么写

在招商的过程中，企业是持续有资金的投入和支出的，要维持我们的资金链，还需要借助融资的力量。而这个时候，一份周全的商业计划书是必不可少的。但在实际操作中，我们看到大部分的商业计划书是拿不到钱的。那么，到底什么样的商业计划书最容易拿到钱呢？ 没有标准答案，但是你的商业计划书里最好包括以下内容。

1. "需求是什么"

互联网时代，没有人在乎你是谁，他们只关心跟他有什么关系。因此不要一上来就把自己摆在很高的主导地位，这跟20年前的产品时代不同，那时候一上来先说，我是谁，我有什么产品或者优势，然后再问谁需要。 由于那个时代物质匮乏，因此总会有人需要。但是今天，一开始就要从用户出发，先想好谁是你的用户，然后再看他们有什么需求没被满足。因此我们说过去在产品时代，创业是先做产品，然后根据已经做好的产品去提炼卖点，最后才是去找需要的用户选择是否购买，但这样的做法在今天风险太高了，如果用户不买账，那光库存都会把你压死，而你把对用户的了解，放在了最后，这样，用户不买账的概率非常高。

今天我们的创业应该是从市场调研开始的，通过科学的调研，弄清楚用户和市场的真实需求。因此商业计划书从内容上讲，需求一定是首先要讲清楚的。

2. "解决方案是什么"

找准了需求之后，我们提供什么样的解决方案呢？ 在这里，不光要说清楚我们的产品和服务，还要讲清楚我们针对产品或者服务提供的一系列解决方案，比如定价、物流、售后服务、渠道策略、终端策略、推广策略等，这些都是你要讲清楚的，因为现在已不再是那个只需要把产品做好，渠道和用户就会拿着现金来抢货的产品时代。根据你提供的产品或者服务，还得说清楚你的整个解决方案。特别在这里值得一提的是品牌形象和推广策略。产品时代，我们的品牌形象和推广策略更多是发力在销售终端，因为门店是我们品牌和用户的第一接触点，那时候店面就是我们的脸面，我们希望在门店给用户留下美好的印象。但在今天，用户和品牌的第一接触点往往是在线上，所以我们的品牌形象和推广策略也应该注重线上的展示，做到让用户"慕名而来"。

3．"游戏规则是什么"

需求说清楚了，解决方案也很完美，那么最后你还得把怎么进来、怎么分钱、怎么出去这三个问题说清楚。进来其实不难，也就是你拿多少未来的好处去换投资人手上的现金，关于估值当然也是个有讲究的技术活，不同的行业不同的项目估值的算法也不同。然后就是钱怎么分的问题。作为一个创业公司，一有盈利就分钱的可能性不大，如果是那种希望做个小短线就撤的人，是不太适合做创业公司的天使投资人的。最后就是怎么出去，这是很多创业者最容易忽视的一个问题，由于最开始的投资者很多都是朋友或者亲人，因此很多人都没有把这个问题说清楚，但是，如果只有入口，没有出口，最终可能带来大麻烦。

以上这些是简单来说商业计划书应该具备的内容，但事实证明，真正能让你拿到钱的绝对不只是这些。按照天使投资的从业者的说法，每天堆在办公桌上的商业计划书多得像高考前的书本一样，根本没有可能去一本本看完，但人是最重要的。因此，从心里长出来的商业计划书最容易拿到钱。这就是说，这本商业计划书的核心一定要是创业者心里的最真实的想法，那个能驱动自己去投入全部人力、物力、财力的理由，才最有可能打动投资人。因此，最容易拿到钱的商业计划书绝对不是策划大师策划出来的，一定是从你心里长出来的！